Lo que tienes en tus man_ _ _ y, a su vez, sencillas, que Majo ha rec_ _ _ _eas que su deseo es que termines el li_ _ _ _ _ _ _ _ _ _ _ _ solamente con sus lecciones, sino que es más profundo que eso: en su corazón, anhela despertar la curiosidad y la capacidad espiritual intrínseca de ver cómo Cristo nos enseña Su vida a través de lo que rodea la nuestra.

Danilo Ruiz, pastor, cantante y compositor

Mientras te adentres en la lectura de este libro, estas imágenes internas te llevarán a entender que Cristo puede verse también en tu propia historia, y ese es justamente el deseo de Majo, que tus ojos sean abiertos para poder verlo a Él en todo. Y que, cuando lo veas, tu búsqueda externa de aceptación, satisfacción y plenitud termine, y comience la aventura de disfrutar a Cristo y ser saciado completamente de Él.

Jessica Cantú, consejera y mentora

Con la sencillez y el carisma que la caracterizan, Majo nos ayuda a ver a nuestro extraordinario Dios en lo cotidiano, en nuestras luchas y debilidades, en la soltería y en el matrimonio, en la creación y en la Palabra, en la adversidad y en el éxito... recordándonos que verdaderamente podemos encontrar a «Cristo en todo». Descubrirás anécdotas personales que te harán reír y otras que te conmoverán; pero, sobre todo, encontrarás al irresistible Cristo que, lleno de gracia y amor, te extiende una invitación a conocerlo y experimentarlo como nunca antes.

Karen Garza, fundadora de Genuino mujeres
y autora de *Llora con los que lloran*.

Esto es lo que pasa con Majo, y lo verás en este libro: es real. Al leer, te encuentras con una joven que lucha y que cree; que sabe que Dios la ha amado tal como es, y que ese mismo amor que la salvó también la está cambiando. Con historias familiares y explicaciones sencillas, *Cristo en todo* me anima a pensar en cómo mi Señor Jesús sigue involucrándose en cada área de mi vida, y me desafía a gritarle al mundo sobre el poder de la cruz. Así que no tengo que aparentar ser mejor de lo que soy, ni me tengo que preocupar cuando las cosas no son como espero, porque Él es real, y Su historia no se ha terminado.
Me alegra que este libro esté disponible. Puedo ver por qué Dios ha usado a Majo Solís, y oro para que la use cada vez más.

Jairo Namnún, pastor Iglesia Piedra Angular

Con un mensaje del corazón, Majo nos invita a ver a Cristo en lo coti-diano y en los medios de gracia que Dios ha puesto como recordatorios de la gran obra en Su Hijo. Lo recomiendo como un libro devocional para tus tiempos a solas con Dios.

Giancarlo Montemayor, vicepresidente de LifeWay Global
y autor de *El progreso del peregrino* para niños.

Cada reflexión nos regala una oportunidad de ver cómo Dios es cer-cano a nuestra realidad, y nos deja en claro que nada en nuestra vida es malgastado ni irrelevante en Sus manos. Este libro es una lectura que bendecirá tanto a quien está dando sus primeros pasos en una relación con Jesús, como al creyente de muchos años que necesita recordar que, en la cotidianidad, todo sigue siendo de Él, por Él y para Él.

Clara Bastidas, abogada y máster en Derechos Humanos;
autora de *Jamás solo*.

Majo lleva años permitiendo que su voz sea usada en diversas formas para compartir sobre la obra redentora de Cristo. Esta no es la excepción, ya que, en este libro, Majo abre su corazón para compartir verdades bíblicas de una manera práctica y que no viene meramente de un cono-cimiento de Dios, sino de un caminar genuino con Él que lleva a esas experiencias enriquecedoras.

Edyah Ramos, autora de *Nuestro Edén*

Deja que este libro te inspire a contemplar cómo las cosas sencillas de la vida pueden apuntarte a las realidades extraordinarias de la buena noticia de Jesucristo. Prepárate para entrenar tu corazón en el hábito de descubrir cómo la gracia de Dios se esconde en el día a día y te invita a una vida de adoración.

Betsy Gómez, Iniciativas de Joven Verdadera,
gerente de marketing y medios de comunicación

La manera en que Majo utiliza historias tan comunes y simples para ense-ñar verdades profundas hace que este libro sea valioso para todos. En cada capítulo, se aprecia lo que ella testifica. En cada relato, se observa la pasión que tiene de compartir sobre Aquel que transformó su vida: el mismo Señor Jesús, el Cristo que encuentras mientras caminas por este mundo, en cada cosa que vives y haces.

Fermín IV, Músico y pastor, autor de *Sí, Señor*

MAJO SOLÍS

CRISTO EN TODO

*Meditaciones cotidianas sobre
un Dios extraordinario*

B&H
ESPAÑOL
BRENTWOOD, TENNESSEE

Índice

Para mi esposo, quien por su amor y esfuerzo hacia nuestros hijos, me regaló el tiempo para que este libro fuera una realidad.

Prefacio

Hace varios años, me crucé con un video de una niña muy linda que explicaba el evangelio con claridad y una pasión evidente, en alguna red social. Fue un pequeño oasis en medio de una selva de mensajes llenos de palabras populares en el medio cristiano evangélico de Latinoamérica, que incluían «bendición», «prosperidad» y «promesa»; todas, por supuesto, utilizadas de forma antropocéntrica y sin miras a lo eterno. Fue simplemente refrescante ver a una jovencita tan embebida del mensaje central de toda la Biblia: Dios vino a salvar pecadores. No conocí a Majo mientras ella cantaba ni daba una gran conferencia (eso vino después); la vi en un video *amateur*, mientras predicaba el evangelio con urgencia y amor, y me encantó.

No necesitamos debatir acerca de los riesgos que supone el internet, porque eso ha quedado bastante claro, pero vale la pena echar un vistazo a las bendiciones y el potencial para el reino que habitan en ese espacio. Majo es de la generación que no conoce la vida sin estos medios, y es una muestra de lo que Dios puede hacer cuando escoge cautivar y utilizar a alguien con talentos rendidos a Su gloria. Me da gusto que su trabajo diligente de tantos años y su búsqueda privada y pública de Dios se trasladen a un medio tan noble y atemporal como un libro. Esto la ha llevado a revisar, editar, extender y pulir todo lo que se ha esparcido por las redes a lo largo de diez años, y es una bendición. Si has disfrutado su contenido audiovisual, estás sosteniendo en tus manos la versión «*deluxe*» de ese recorrido.

Hablar —o, más bien, escribir— sobre Majo, inevitablemente implica tocar el tema de las interacciones en redes y de cómo Dios tiene maneras creativas y tiernas de destrozar nuestras categorías. Para mí, una de esas maneras ha sido llegar a conocer y abrazar a personas que antes solo veía por la pantalla de mi teléfono celular, y conversar con ellas. Poco después de que Majo y Dan llegaron, recién casados, a un festival de música anual en nuestra ciudad, pudimos conocernos en persona y conversar mejor tras bastidores. Luego, hemos coincidido en algunos eventos más y cada ocasión ha sido un deleite y de mucho ánimo para mi fe. Su actitud siempre ha sido preguntar y aprender, y escuchar con atención con esos ojazos bien abiertos... ¡eso dice tanto acerca de una joven! Aprecio las ocasiones en las que he podido escucharla compartir sus luchas, tentaciones y debilidades públicamente, y es bello ahora verla ser esposa y mamá, con todo lo que esto implica. Veo en Majo un amor serio por el Señor y Su Palabra y un anhelo de que más personas sean nutridas por ella.

Leer sus relatos y reflexiones, por sencillos y cotidianos que sean, me recuerda el obrar de un Dios cercano que siempre está actuando profundamente en cada mente y corazón que lo busca, siempre con amor y fidelidad. Mi deseo profundo es que cada persona que interactúe con estas páginas, recopiladas con tanta ilusión y amor desde el corazón de una joven, pueda ser testigo del poder de Jesús y ser un medio de gracia para transformar.

Aixa De López

Introducción

Comencé a escribir el libro que hoy tienes en tus manos, o en tu aparato electrónico, a mis dieciocho años, y lo termino a mis veintiocho. Sin idea alguna de que años después terminaría en un libro, hace diez años comencé a escribir meditaciones para compartirlas a través de sencillos videos en mi recién abierto canal de YouTube.

Mi mamá es una mujer de fe que desde mi temprana edad fue usada por Dios para guiarnos a mí, a mis hermanos y hasta a mi papá (aunque él no lo sabía) a conocer a Dios, a leer Su Palabra y a conversar con Él de manera íntima y personal. Ella dice que desde niña veía en mí un hambre única por las cosas del Espíritu, a través de mis preguntas (siempre he sido muy preguntona), y de las firmes convicciones que adoptaba en torno a la fe de la que me enseñaba.

Pero, con todo esto, no fue hasta mis diecisiete años que fui completamente cautivada por la obra y la persona de Cristo. Después de años de aprender de Dios, de servirlo en reuniones con la iglesia, inclusive de meses de estudiar en un instituto bíblico, pude encontrarme verdaderamente con un Dios vivo, real, que pasó de ser solo una parte importante de mi vida a volverse mi vida entera. A partir de ahí, empecé la aventura de ver a Cristo en todo.

Recuerdo bien que, durante ese tiempo, llegué a encontrarme en uno de los momentos más bajos de mi vida, donde menos merecedora de Su gracia me sentía. Mas fue justo ahí, en lo más bajo, que Dios me reveló en Su amor una verdad tan alta para mi entendimiento natural que llegaría a transformar mi vida. Me encontré ante la revelación de que Dios no solo buscaba que lo conociera y sirviera como mi Señor; Él deseaba que lo experimentara como mi Padre, Aquel que me ama de una manera única e incondicional, independiente de mi esfuerzo, de mi servicio, de mis buenas o malas acciones. Mis ojos fueron abiertos a la realidad de que yo alegraba Su corazón y le causaba gozo por el simple pero a la vez profundo hecho de ser Su hija por la fe en la obra de la cruz de Cristo. Todo esto me destrozó, en el buen sentido de la palabra.

No volví a ser igual, no volví a operar igual, y aunque eso no significa que mi caminar de fe se volvió perfecto, sí se volvió pleno, lleno de libertad y de descanso al ver a Cristo en todo, como nunca antes. Experimentar esta renovada relación tan palpable con mi Padre, con Cristo y Su Espíritu Santo encendió un fuego nuevo por compartir de Él a quienes me rodeaban.

Una de las maneras en las que Dios me guio a responder a este impulso fue a través de abrir un canal de YouTube, donde comencé a subir mis primeros videos para compartir con mi círculo de amigos cercanos de Facebook. Recuerdo que el primer video que subí fue una canción que contenía justo la verdad con la que Dios me había cautivado; era un *cover* que traduje al español de una canción llamada *Out of hiding* [Salir del escondite]. Lo peculiar de ella es que no es una canción de uno para Dios, sino de Dios para uno. En el coro, dice: «Yo a ti te amé aun antes de nacer, todo lo vi y aun así me entregué». Me acuerdo que no lograba terminar de grabarla en el estudio sin llorar. La realidad de que Dios me amó, y te amó, desde antes de la fundación del mundo, conmueve lo más profundo del ser que lo cree. Al compartir esta canción, oraba para que Dios la usara para comunicar este libertador mensaje a quienes escucharan y que pudieran experimentar lo que yo experimenté al saberme incondicionalmente amada por Él. Subí unos cuantos videos musicales más, hasta que una noche, orando, Dios puso un pensamiento estremecedor en mi mente: «Si mañana fuera tu último día en la tierra, ¿qué harías?». Y dentro de las muchas cosas que me vinieron a la cabeza, hubo una que resaltaba: «Grabaría un video compartiendo el mensaje que me ha cambiado la vida, para que aun si dejo de estar aquí, esa palabra siga corriendo a toda la gente que me conoce, e incluso si Dios quiere, a la que no».

A la mañana siguiente, a prisa y despeinada, pero con mucha carga (de la buena) y fuego en mi corazón, llegué a la casa del amigo que me había estado produciendo y grabando todo el contenido anterior, y le dije: «Necesito que me ayudes a hacer algo diferente. Quiero grabar un mensaje hablado hoy». La idea siempre había sido subir pura música, pero era tal mi convicción que mi amigo entendió que yo no me iba a ir de su casa sin que ese video sucediera. Titulé el video: «El mensaje más importante que puedo dar». Lo puedes encontrar en YouTube (y darte cuenta de mi falta de cepillado ese día).

Ahora, estamos hablando del año 2015. Subir un video hablando, un mensaje, no era tan común como lo es ahora. Para entrar en contexto, Instagram solo permitía subir una foto y TikTok no existía. Lo único que me había tocado escuchar en internet eran predicaciones completas de una hora, de pastores de iglesias locales que seguía. Y ahí estaba yo, despeinada, sin un escrito, inspirada en Hechos 2 —donde Pedro se levanta y comienza a testificar ante miles del Dios que lo había llenado—, con un corazón repleto de expectativa de que Dios iba a tomar mi disposición y mi lengua para hablar una palabra con la capacidad de transformar vidas.

Recuerdo que para ese entonces mi canal de YouTube tenía aproximadamente veinte suscriptores, porque semanas antes estaba tiernamente celebrando que tenía doce, mismo número que los discípulos de Jesús. Así que, orando por esos veinte suscriptores a los que les llegaría una notificación del nuevo video en el canal, lo publicamos e inmediatamente lo compartí con mis amigos de mi perfil privado de Facebook. Al final del video, dejé una invitación para que, si alguien había sido tocado, o hasta sacudido por la palabra, por favor me escribiera a mi correo personal. Yo solo recuerdo orar constantemente por la salvación de personas, por encuentros sobrenaturales a través de un video tan sencillo. Y apenas un día después, recibí mis primeros correos; aún recuerdo la emoción de mi corazón con las notificaciones. Uno de ellos decía que cuando, durante el video, leí Isaías 53 (mi capítulo favorito en la Biblia), no pudo contener el llanto, se arrodilló ahí en donde estaba y entregó su vida a Cristo al ser expuesto a Su entrega en la cruz. ¡Ni siquiera fueron mis palabras! Fue el Espíritu que reveló a Cristo a través de Su Palabra. Luego recibí otro que no olvidaré, de una chica que vivía en un país lejano y me escribía específicamente para darme las gracias por compartir este video, que no sabía por qué le había aparecido en su canal de YouTube (no era de mis veinte suscriptoras). Ella había estado luchando fuertemente con pensamientos suicidas, y escuchar el mensaje del evangelio le dio una esperanza y un gozo que no había experimentado.

Sentada ahí en mi cuarto morado de soltera, yo no podía contener mis lágrimas al leer estos testimonios. Tenía expectativas, pero Dios estaba superando cada una de ellas con la manera en la que estaba obrando. En aproximadamente una semana, ¡el video había superado las 5000 vistas! Quizás no te parezca un gran número. Bueno, mi video de *cover* musical con más vistas para ese entonces no había llegado ni a las 500 reproducciones, ¡esto era algo exponencial!

Un día durante esa semana, al entrar al canal, me di cuenta de que mis pocos videos, incluyendo el nuevo, aparecían en contabilidad de vistas 0, al igual que mis suscriptores. Investigando, encontré que la razón era que YouTube reconocía un crecimiento anormal en un canal, por lo que ponía pausa a las visualizaciones para que su sistema revisara que cada una de las vistas fueran orgánicas, de personas, y no de robots programados en búsqueda de ganar dinero. Hasta para el Sr. YouTube había algo anormal, pero para Dios estaba totalmente planeado.

El video no dejó de crecer, el canal despegó como no habría imaginado, mi correo se llenó de testimonios de personas de todas partes del mundo, y tuve la oportunidad de tomar café o tener conversaciones personales con varias de ellas. Estaba comenzando mi carrera profesional de educación mientras todo esto sucedía, con la idea de que, después de graduarme, comenzaría a trabajar en un colegio de mi ciudad, pero el Señor tenía otra aula y otros planes para mí y mi deseo de enseñar.

A partir de ese día, comencé a escribir las primeras versiones de los capítulos que estás por leer, con el formato de bocetos para mis videos a lo largo de los años. Ha sido una aventura hermosa regresar y escuchar lo que hace años compartía, recordar lo que vivía con Dios, pero a la vez, poder expandir y ampliar cada tema, cada escrito, con lo que he podido seguir aprendiendo de Cristo con los años.

Creo en el poder de la Palabra, creo que nunca jamás vuelve vacía, y creo que Dios puede hacer con este sencillo libro algo poderoso, como lo hizo con aquel primer video sencillo de YouTube. Los años han pasado, yo he cambiado. Hoy no estoy grabando un video sino escribiendo en mi computadora, pero el deseo sigue siendo el mismo: apuntar a Cristo. Este no es un libro de doctrina, tampoco es una autobiografía. Es un compendio de situaciones cotidianas, elementos conocidos, que Dios ha utilizado a lo largo de los años para guiarme a revelaciones profundas de Su persona, de Su obra, de Su voluntad.

Mi anhelo para ti, querido lector, es que disfrutes cada escrito con calma y te permitas escuchar la voz de Dios a través de lo que vas a leer, pero aún más a través de lo que Dios te puede hablar personalmente. Cada capítulo tiene su tema puntual para reflexionar, por ende, puedes leerlo en desorden si así lo deseas. Con el propósito de meditar en lo que lees y aplicarlo, te he dejado algunas preguntas al finalizar cada capítulo e invitaciones que espero sean de guía para llegar a profundidades mayores en cada tema a tocar.

Recuerda, nadie te persigue. No tomes este libro como una tarea por acabar. Busca pequeños momentos de tranquilidad en tu día, y lee uno o dos capítulos a la vez. Con el síndrome de las series de Netflix, sentimos una presión extraña por terminar todos los capítulos en una sola noche, pero no dejes que esto te suceda con este libro.

Usa tu imaginación para adentrarte en las imágenes e historias que aquí te relataré, pero sobre todo, acércate a leerlo con un espíritu hambriento por conocer más al Cristo que lo llena todo.

Finalmente, oro para que mis sencillos relatos y experiencias te inspiren a creer que Dios también quiere hablarte a través de tu día a día, y usarte para llevar este mensaje transformador dondequiera que vayas. El mismo Dios que me habita te habita a ti; el mismo Dios que me habla te habla a ti, solo está buscando personas que crean en ello y le presten atención a Su transformador mensaje, en Su cautivadora Palabra, que se resume en un nombre: Cristo.

«Y corriendo delante, subió a un árbol sicómoro para verle; porque había de pasar por allí. Cuando Jesús llegó a aquel lugar, mirando hacia arriba, le vio, y le dijo: Zaqueo, date prisa, desciende, porque hoy es necesario que pose yo en tu casa. Entonces él descendió aprisa, y le recibió gozoso».

Lucas 19:4-6 (RVR1960)

1

La mesa

Por mucho tiempo, soñé con estar sobre una plataforma. Veía en esta estructura elevada el lugar que me permitiría cumplir con el propósito de mi vida. Por años, pensé que ese lugar evidenciaba quiénes eran verdaderamente llamados por Dios para hacer grandes cosas.

Pasó el tiempo y recuerdo que, en la escuela secundaria, después de una de las muchas audiciones en las que estuve, me eligieron como el personaje principal de una obra musical: *Alicia en el país de las maravillas*. Fue una de las primeras veces en las que me subí a un escenario. Más adelante, tuve la oportunidad de pasar de actuar a cantar, y después, a enseñar de la Palabra sobre la plataforma, pero ¿te puedo confesar algo?

Muchas noches, cuando terminaba el evento y se apagaban las luces, regresaba a mi casa, a mi cuarto, y un pensamiento pasaba por mi mente: *¿Es esto todo? Dios, ¿es esto cumplir tu llamado?* Y no me malinterpretes, creo fielmente que un escenario puede ser un lugar importante para compartir el mensaje de vida, pero con el pasar del tiempo, Dios ha ido trayendo luz a mis preguntas, permitiéndome entender que un escenario no es ni el único lugar ni el más importante para cumplir Su llamado, para cumplir el propósito por el cual nos tiene aquí.

¿Cómo es que el hombre más influyente en la faz de la tierra, Dios hecho hombre entre nosotros, vino e impactó la historia de la humanidad con un antes y un después? ¿Cómo cumplía Él la voluntad del Padre día a día? ¿A qué dedicaba Su tiempo? Al leer los Evangelios que narran la vida de Jesús, me sorprendí al encontrar la siguiente respuesta a mis preguntas: una actividad primordial en la agenda de Jesús era sentarse a la mesa. Comer con las personas. Y puedes decir: «¿Qué? ¿Algo tan común y sencillo? No solo cualquiera lo puede hacer, sino que todos lo tienen que hacer». Y sí, en la más común y sencilla actividad de la vida humana, Dios se involucró para dar vida espiritual.

Hay una historia que me fascina y que ejemplifica lo que estamos compartiendo: la historia de Zaqueo. Según la Biblia, Zaqueo era un hombre de baja estatura, pero un día, surgió en su corazón un deseo grande: conocer a Jesús. Era rico en dinero, pero pobre en amistades; podía tener mucha comida en su mesa, pero raramente alguien con quién compartirla. ¿El motivo? Era el jefe de los recaudadores de impuestos, las personas menos queridas por la sociedad. Los recaudadores de impuestos eran conocidos por tomar dinero de más de las personas, y Zaqueo, como jefe, era visto como quien avalaba y respaldaba ese robo. Nadie quería ser vinculado con Zaqueo, la gente le huía.

Pero en su corazón nació el interés de conocer a aquel nazareno del que muchos hablaban y que acababa de llegar a su ciudad, Jericó. Cuando Zaqueo se dio cuenta de que no era el único interesado en ver a este hombre, tuvo que ingeniárselas, porque la multitud no le permitía ver (recordemos que era de baja estatura). Así que decidió subirse a un árbol. Detente un momento e imagínate a este hombre rico subiendo a un árbol, una clara evidencia externa del genuino deseo que llevaba dentro. Y mientras Zaqueo estaba ahí en el árbol, incómodo, separado e ignorado por la multitud, como de costumbre, dice la Biblia que, cuando Jesús pasó justo por debajo, volteó Su rostro hacia arriba y vio a Zaqueo entre las ramas. Como Jesús era Dios, sabía que él estaba allí y conocía su corazón hambriento. Cuando lo vio, no empezó a predicarle un mensaje elocuente, con tintes condenatorios o de represión por sus malas acciones. No le dijo: «Escucha bien esto que te tengo que decir, Zaqueo», sino que le dijo: «Oye, bájate de ahí porque voy a ir a tu casa». Y esto sucedió después: Lucas 19:7 dice: «Cuando la gente vio lo que había pasado, empezó a criticar a Jesús y a decir: "¿Cómo se le ocurre ir a la casa de ese hombre tan malo?"» (TLA).

Esta no era la primera ocasión en que personas criticaron a Jesús por Su intención de compartir la mesa con personas pecadoras. En un momento, los líderes religiosos se burlaron de Jesús y exclamaron: «Ay, ese comedor y bebedor, ese que se la pasa comiendo con las personas». No podían concebir que Aquel que afirmaba ser el Hijo de Dios invirtiera mucho de Su tiempo en sentarse a la mesa con los más rechazados, con los perdidos. «Si realmente fuera Dios, ¿no debería estar haciendo cosas mucho más impresionantes? Si realmente fuera Dios, debería saber con qué clase de gente se está sentando y lo dejaría de hacer». Nuestra mente humana tiende a pensar así: que Dios, por ser grande y perfecto, no tiene tiempo ni intención de involucrarse en lo pequeño e imperfecto. Tendemos a creer que hay poco o ningún potencial en lo común y corriente. Gloria a Dios porque se hizo hombre y vino a desmentir nuestras ideas de quién es Él, de cómo obra y de Su deseo de tener comunión íntima con nosotros.

Continuemos con la historia de Zaqueo. Después de disfrutar un tiempo de comida y comunión a la mesa, Zaqueo se levantó y le dijo a Jesús: «"Señor, voy a dar a los pobres la mitad de todo lo que tengo. Y si he robado algo, devolveré cuatro veces esa cantidad". Jesús le respondió: "Desde hoy, tú y tu familia son salvos, pues eres un verdadero descendiente de Abraham. Yo, el Hijo del hombre, he venido para buscar y salvar a los que viven alejados de Dios"» (Ver Luc. 19:8-10).

Si bien Jesús dio enseñanzas impactantes sobre montes y barcas, veo cómo impartió las enseñanzas más profundas y transformadoras sentado a la mesa, mientras compartía la actividad más común con personas hambrientas de más que solo pan físico.

Yo no sé qué dijo o qué no dijo Jesús en esa comida, pero la Biblia nos deja ver cómo la vida de Zaqueo dio un giro de 180 grados después de ese momento. Recibió la salvación para él y su familia sentado a la mesa con Jesús. Y no solo eso sino que, a través de su arrepentimiento y convicción de entregar su dinero, las mesas de muchos pobres fueron también impactadas.

Así opera el evangelio: vuelve lo sencillo en algo profundo y transformador. Me viene a la mente ese pensamiento que muchos tenemos al escuchar el verdadero evangelio: «¿Así de fácil obtengo perdón y vida nueva? ¿Solo al creer en Jesús?». Sí, porque no se trata de lo extraordinario de tu fe, sino del Dios extraordinario en quien la pones. Así como la mesa, nuestra fe es sencilla, pero cuando lo sencillo se encuentra con lo divino, entonces lo inimaginable puede suceder.

Jesús se sentó a la mesa con hombres y con mujeres, con pobres y con ricos, con populares y con rechazados, con pecadores de mala fama y con otros pecadores denominados líderes religiosos. Nunca le importó lo que eso pudiera significar para Él, socialmente hablando. No hubo favoritismo, no hubo exclusión. Lo hizo antes de ir a la cruz, cuando tenía la necesidad de comer, como ser humano, pero también lo hizo ya resucitado, cuando físicamente ya no tenía necesidad, pero sí propósito espiritual.

No olvidemos ese momento después de la cruz, donde Cristo restituyó a Su discípulo Pedro, quien lo había negado, durante un desayuno que Él mismo le preparó en la playa (ver Juan 21). Recordemos cómo miles de años antes, en Egipto, Dios protegió a Su pueblo Israel del ángel de la muerte mientras celebraban lo que fue la primera Santa Cena. Jesús celebró esa misma cena con Sus discípulos antes de ir a la cruz, donde les dejó —y nos dejó— tantas promesas y verdades que sostienen nuestra fe hasta cuando estemos otra vez a la mesa con Él. El deseo del corazón de Dios siempre ha sido estar cerca de nosotros, y se vale del lugar donde nos detenemos a diario para hacer ese deseo realidad.

Me pongo a pensar… ¿Qué pasa si hemos estado tan atentos a una plataforma que hemos descuidado otra tan vital como la mesa? Porque si bien una plataforma, o un escenario, te eleva, una mesa te acerca; un podio te permite ser escuchado, una mesa no solo te permite hablar, sino más importante: escuchar. Hay tantas personas experimentando soledad hoy en día como Zaqueo, con la necesitad de un lugar de confianza donde ser escuchadas, ministradas y aceptadas. Hay tantas personas listas para recibir el mensaje de vida, tan listas que son capaces de subirse a un árbol para encontrar lo que buscan. ¿Estamos dispuestos a ir a sus casas o invitarlos a la nuestra?

Tal vez al leer esta historia te identificas más con el Zaqueo en el árbol, que mira a Jesús de lejos, que con el Zaqueo después de comer. Si este es tu caso, a través de estas palabras Dios te está mirando y te dice: «Quiero ir a tu casa y comer contigo». La aventura de experimentar a Cristo en nosotros es lo más asombroso que hay en este mundo y solo comienza con un «Sí, Dios». ¿Puedes decirle sí a Dios en este momento? ¿Sí a creer en quién es Él y en lo que ha hecho por ti? ¿Sí a comenzar a conocerlo a través de Su Palabra y Su Espíritu que habita en ti? ¿Sí a pedirle que entre en tu vida y la transforme como lo hizo con la de Zaqueo? Cierra un momento tus ojos. Dios te está mirando ahí donde estás, en la condición que estás, y con un genuino «sí», Dios tiene suficiente para comenzar a hacerlo todo nuevo.

Quiero recordarte esta buena noticia: si crees en Cristo, Cristo vive hoy en ti. El extraordinario Dios transformador de vidas habita en ti, sin importar lo ordinario que te sientas. Y si Dios vive en ti, ¿a qué crees que te va a llamar?

Hoy en día, Dios continúa buscando a los perdidos, a los rechazados, a los solitarios, a los pecadores. Él sigue persiguiendo a los que creen tenerlo todo resuelto; que tienen salud, riquezas, logros, pero que en un segundo de esta frágil vida pueden perderlo todo. Él sigue deseoso de que hombres y mujeres puedan realmente experimentar una vida plena, inagotable y eterna en Él.

¿Cómo es que Jesús continúa haciendo esto sin estar aquí como hombre? A través de ti y de mí, Su iglesia, Su cuerpo en la tierra. Si tenías dudas de cómo se cumple el propósito de Dios para tu vida, la respuesta está en continuar aquello que Cristo comenzó. Dios en ti quiere guiarte a compartir con otros el pan físico y, más importante aún, Su pan espiritual, el mismo con el que te alimenta a ti. Quiere usar tus oídos para escuchar al que nadie escucha, y tu boca para consolar a quien lo necesita. Quiere usar tus manos para cocinar para el alma hambrienta y preparar así su corazón para ser renovada. Quiere usar tu mesa, posiblemente hecha de madera, para apuntar al madero más valioso de la historia humana. Quiere que abras tu agenda, que apartes tiempo para que, con intención divina, compartas en momentos cotidianos al Dios extraordinario que te habita.

No importa qué tan rápido quiera ir este mundo, nunca va a lograr que dejemos de tener la necesidad de comer. Aprovechemos lo que nos une a todos para encontrarnos con Aquel que se entregó por todos. Librémonos de las interrupciones de este siglo, porque hay conversaciones que Dios quiere guiar para transformar vidas como la de Zaqueo. No lo olvides: grandes cosas suceden cuando Dios se encuentra con lo común.

——————————— PARA MEDITAR: ———————————

¿Cuáles crees que son los principales obstáculos para practicar y experimentar momentos significativos a la mesa? ¿Cuáles son los que más ves en tu vida?

¿Por qué crees que es importante que la iglesia local regrese a la plataforma de la mesa?

_____

_____

_____

_____

——————————— PARA APLICAR: ———————————

Toma un momento ahora y durante los próximos días para pedirle a Dios que ponga en tu corazón a una persona, o personas, a quienes invitar a compartir la mesa. Pídele que te revele a alguien con el corazón disponible y hambriento, como el de Zaqueo, y da el paso valiente de extender la invitación para compartir el pan, para compartir a Cristo.

Usa este espacio para tus notas...

_____

_____

«Pues todos hemos pecado; nadie puede alcanzar la meta gloriosa establecida por Dios. Sin embargo, en su gracia, Dios gratuitamente nos hace justos a sus ojos por medio de Cristo Jesús, quien nos liberó del castigo de nuestros pecados. Pues Dios ofreció a Jesús como el sacrificio por el pecado. Las personas son declaradas justas a los ojos de Dios cuando creen que Jesús sacrificó su vida al derramar su sangre».

Romanos 3:23-25

2

El intercambio

¿Has tenido alguna vez una mala experiencia con el intercambio de regalos navideños? Yo sí. Recuerdo en especial una ocasión. Estaba en la escuela secundaria y la maestra propuso hacer un intercambio navideño entre todos los alumnos de la clase. Cada uno debía tomar de un envase un papelito que ocultaba el nombre del compañero a quien nos tocaría obsequiarle algo. La maestra puso en el pizarrón una lista en donde cada uno tenía que anotar qué quería, para que la persona que te obsequiaría supiera qué regalarte. En esta clase de juegos navideños, ese último paso del pizarrón no suele suceder; por eso, dije: «Este es mi año. Esta vez me va a ir bien en un intercambio».

Me acerqué a la lista y, de forma sumamente específica, puse al lado de mi nombre lo que quería: un labial, marca MAC, color 5, mate, nombre «Velvet» (hasta revisé en qué sucursal podían encontrarlo y lo anoté ahí). Con toda esa información, no había manera de que mi amigo secreto fallara a lo que quería, ¿cierto?

Llegó el día del intercambio, la maestra dijo mi nombre y se levantó la compañera a quien yo le había tocado. Lo primero que pensé al verla acercarse fue: *¿Por qué trae una bolsa tan grande para un labial tan chiquito?*

Cuando me entregó el regalo, me dijo en voz baja: «No pude ir a la tienda por tu labial, pero te encontré esto en una tienda cerca de mi casa». Frente a todos, abrí el regalo, nerviosa ya, y cuando lo saqué, era un gran kit que decía *Shimmer* [Brillos], lleno de maquillajes de colores intensos con brillitos (de esos que nunca jamás uso hasta la fecha). Contuve mi enojo adolescente, mis emociones alteradas y le di un forzado «gracias» para quedar bien ante el salón, mientras que por dentro tenía ganas de quedarme con el regalo que yo le llevaba a mi amigo secreto (no recuerdo qué era, pero era mejor que mi kit de maquillaje que jamás usé).

Así tuve muchas situaciones en las que daba algo mejor de lo que recibía, y una de las últimas veces en las que me sucedió algo similar, en mi mente se cruzó la pregunta: *¿Cuándo me tocará vivir un intercambio en el que sea yo quien reciba el mejor regalo?* Y en mi espíritu, sentí que Dios me decía: *Conmigo.*

Ese día, recordé y comprendí que hubo ya un intercambio en el que recibí mucho más de lo que pude haber pedido o dado. Sucedió hace más de 2000 años. Cuando Jesús fue a la cruz, aconteció el intercambio más asombroso de este mundo: Él tomó tu pecado, y mi pecado, y recibió el castigo que merecíamos por él en la cruz, y al resucitar, pudo entregar todo lo que era y es Suyo: Su gracia, Su santidad, Su justicia, Su amor, Su paz, Su sanidad, Su salvación, Su libertad, Su cercanía al Padre, Su vida eterna, Su Espíritu Santo en ti, y tantos otros regalos incomparables que no terminaría nunca de enumerar.

Él caminó en este mundo sin pecar, a diferencia de nosotros. Fue completamente justo y por amor decidió tomar nuestra injusticia y llevarla a la cruz, para poder darnos Su perfecta justicia y santidad; para que hoy te acerques al Padre y Él te vea como ve a Jesús: perfecto.

Romanos 3:23-25 dice: «Pues todos hemos pecado; nadie puede alcanzar la meta gloriosa establecida por Dios. Sin embargo, en su gracia, Dios gratuitamente nos hace justos a sus ojos por medio de Cristo Jesús, quien nos liberó del castigo de nuestros pecados. Pues Dios ofreció a Jesús como el sacrificio por el pecado. Las personas son declaradas justas a los ojos de Dios cuando creen que Jesús sacrificó su vida al derramar su sangre».

No importa qué cosas puedan salir mal a nuestro alrededor, no importa si la vida no nos da lo que esperábamos. Si recibimos el regalo que Cristo Jesús nos ha ofrecido gratuitamente en la cruz, realmente ya lo tenemos todo. No importa qué tan horrible es tu pecado, qué tan opuesto es a lo que Dios te da, Él lo recibe y lo perdona. No lo recibirá como yo recibí lo que me dio mi compañera en la escuela. No guardará rencor, no te juzgará, no te avergonzará.

Al revés… suena loco, pero, al recibir tu vida, con sus muchas faltas y pecados, Dios se alegra, porque lo llevan a acordarse que

Su entrega en la cruz valió la pena. Él no está esperando que le entregues un regalo bello, nuevo, un historial de alguien moralmente recto, sino que anhela tu vida tal cual está. No te pide que te esfuerces por mejorar, te pide que te entregues tal cual eres y tal cual estás. Sé parte de este intercambio glorioso, recibe el regalo más increíble, que es la vida misma de Cristo, al entregarle la tuya.

Te pido que medites un momento en los siguientes versículos que te dejaré (dentro de mi capítulo favorito de toda la Biblia). Subrayaré lo que Dios recibió de nosotros, y colocaré en *cursiva* lo que hemos recibido de Él.

> Pero él fue traspasado por <u>nuestras rebeliones</u>
> y aplastado por <u>nuestros pecados.</u>
> Fue golpeado *para que nosotros estuviéramos en paz;*
> fue azotado para que *pudiéramos ser sanados.* [...]
> Cuando vea todo lo que se logró mediante su angustia,
> *quedará satisfecho.*
> Y a causa de lo que sufrió,
> mi siervo justo hará posible
> que *muchos sean contados entre los justos,*
> porque él cargará con <u>todos los pecados de ellos.</u>
> —Isaías 53:5, 11

──────── PARA MEDITAR: ────────

Romanos 3:25 declara: «Pues Dios ofreció a Jesús como el sacrificio por el pecado. Las personas son declaradas justas a los ojos de Dios cuando creen que Jesús sacrificó su vida al derramar su sangre».

¿Qué has comprendido al leer que Dios declaró justos a Sus ojos a aquellos que creen en el sacrificio de Jesús?

_____

_____

_____

_____

_____

_____

_____

_____

_____

_____

_____

_____

_____

_____

_____

Para aplicar:

Toma una libreta, o un espacio en este libro, y con las palabras que vengan a tu mente, comienza a describir todo lo que incluye el regalo de Cristo para tu vida pasada, presente y futura.

Usa este espacio para tus notas…

_____

_____

_____

«Antes de que se nos abriera el camino de la fe en Cristo, estábamos vigilados por la ley. Nos mantuvo en custodia protectora, por así decirlo, hasta que fuera revelado el camino de la fe. Dicho de otra manera, la ley fue nuestra tutora hasta que vino Cristo; nos protegió hasta que se nos declarara justos ante Dios por medio de la fe. Y ahora que ha llegado el camino de la fe, ya no necesitamos que la ley sea nuestra tutora. Pues todos ustedes son hijos de Dios por la fe en Cristo Jesús».

Gálatas 3:23-26

La cama

Mientras vivía en la casa de mis papás, cuando era soltera, era sumamente floja para ordenar mi cuarto. En especial me costaba mucho trabajo tender la cama. Lo hacía con mucha flojera, de mala gana; tan solo le ponía el edredón encima y quedaban todas las almohadas amontonadas por debajo. Pero lo hacía porque era una regla de la casa, y para evitar que me regañaran y que no me dejaran salir el fin de semana, por ejemplo.

A apenas dos años de casados, mi esposo y yo nos fuimos a vivir a otro estado del país, lejos de la familia, y durante ese tiempo, mis papás vinieron a visitarnos. Para sorpresa de mi antigua yo, la primera mañana que ellos despertaron en mi casa no solo tendí mi cama, sino que, cuando ellos dejaron su habitación, me apresuré y me adelanté a tenderles también su cama.

Las mismas personas, la misma tarea, pero ¿qué cambió? Unos días después, leí los siguientes versículos que se encuentran en Gálatas 3:23-26:

> Antes de que se nos abriera el camino de la fe en Cristo, estábamos vigilados por la ley. Nos mantuvo en custodia protectora, por así decirlo, hasta que fuera revelado el camino de la fe. Dicho de otra manera, la ley fue nuestra tutora hasta que vino Cristo; nos protegió hasta que se nos declarara justos ante Dios por medio de la fe. Y ahora que ha llegado el nuevo camino de la fe, ya no necesitamos que la ley sea nuestra tutora. Pues todos ustedes son hijos de Dios por medio de la fe en Cristo Jesús.

Cuando la Biblia habla de la ley, habla de una serie de ordenanzas, lineamientos y reglas que fueron dados por Dios a Moisés para el pueblo de Israel. Esta ley manifiesta la santidad de Dios, la cual es necesaria para poder habitar con Él. Pero conocemos la historia, y como seres humanos imperfectos, ninguno fue capaz de cumplir con esta ley hasta la venida del Hombre perfecto: Jesús.

Quiero destacar cómo en estos versículos de Gálatas, la ley es relacionada con una tutora. Un tutor era una figura adulta, de autoridad, impuesta sobre menores de edad para dirigirlos hacia qué debían hacer y qué no debían hacer. Ahora, ¿te imaginas a una persona siendo dirigida por el resto de su vida adulta por un tutor? Sería algo extraño. Pero no es extraño para muchos en su vida espiritual; pasan los años y siguen esforzándose por obedecer una ley impuesta y externa, dependientes de un tutor para dirigir sus vidas hacia la voluntad de Dios, cegados aún a que Cristo vino a abrir un nuevo y mejor camino, una nueva a relación con Dios que experimentar y disfrutar. Una característica clave para identificar a un creyente maduro de uno inmaduro es si vive dependiendo de una ley externa para comportarse, o si la vida de Cristo, quien cumplió la ley a la perfección, lo dirige y transforma desde lo profundo de su espíritu. Puedes ver a dos personas haciendo la misma actividad —por ejemplo, leer la Biblia—, pero una la hace por imposición y temor, y otra por deseo y amor. La primera, después de un tiempo, se agotará al no ver verdadero avance, pero la segunda será cada vez más avivada y transformada a la imagen de aquel que es Santo. La primera hace lo que hace para evitar un castigo de Dios, simplemente para intentar estar bien con Dios; la segunda, sabiendo que gracias a Cristo ya está en paz con Dios; lo hace en respuesta a su fe y amor por Él.

¿Por qué decidí tender más de una cama aquella mañana? Por una sencilla y profunda razón. Porque amo a mis padres, porque estoy sumamente agradecida por todo lo que han hecho por mí, por todo lo que me han enseñado y dado; porque al crecer y casarme, me di más cuenta de su gran cuidado para conmigo; y finalmente porque estaba muy agradecida de que se hubieran esforzado en ir a visitarme y poder tenerlos cerca. Eso hizo que aun las cosas que podían ser pesadas para mí anteriormente, como tender una cama, se volvieran algo que podía hacer con gozo y mucho entusiasmo.

Cuando, por la fe en la obra consumada de la cruz, entras en este nuevo camino, comienzas un proceso hermoso de ver y experimentar el amor de Dios por ti como nunca antes. En este nuevo camino, ya no te enfocarás más en tus buenas o malas obras, sino en Su perfecta obra contigo, realizada antes de que siquiera hubieras nacido.

En este nuevo camino de madurez, tu acercamiento a Dios no va a ser más para buscar agradarle, sino porque entenderás que ya eres agradable para Él gracias a la vida de Su Hijo perfecto en ti. Ya no verás la Biblia como el libro del buen comportamiento, sino como el libro donde puedes escuchar la voz de Aquel que te ama desde antes de haber fundado este mundo, la voz de Sus promesas por venir, y Sus realidades para ti.

La oración no será más un ritual para tener buena suerte en el día, sino la respiración de la vida espiritual que te dirige desde tu interior, algo natural, como la respiración de tu vida biológica. Tienes que creer que hay un mejor camino, <u>un camino que se abrió a precio de sangre, y que tienes a un Padre lleno de amor, que espera enseñarte a caminarlo.</u>

Y créeme, dentro de poco, te encontrarás tendiendo camas propias y de otros, con un gozo y una excelencia que jamás habrías imaginado que pudieras vivir.

PARA MEDITAR:

Examina un momento tu vida. ¿Por qué haces lo que haces? Piensa en las buenas obras: ¿las realizas para evitar un castigo de Dios o para intentar estar bien con Dios?

¿Cómo es tu actitud y acercamiento a la lectura bíblica?

¿Por qué oras? ¿Para que Dios te bendiga o para tener comunión íntima con Aquel que ya te ha bendecido?

———————————— **PARA APLICAR:** ————————

En una libreta o un espacio en tu libro, haz una lista de las diferencias que vengan a tu mente entre un creyente inmaduro y uno maduro, entre un creyente que aún depende de la ley y uno que se rige por la vida interna de Cristo.

Usa este espacio para tus notas...

Si hoy tienes tu corazón detenido bajo el sicómoro que ha estado creciendo por tiempo ya dentro de ti, quiero darte un mensaje de esperanza. Jesús dijo: «Si tuvieran fe como un grano de mostaza, dirían a este sicómoro: "Desarráigate y plántate en el mar", y les obedecería».

Lucas 17:6 (NBLA)

4

El árbol

Hay una canción que se llama *La semilla de mostaza,* que de niña me gustaba muchísimo. Tal vez algunos la recuerdan y ya la traen en la cabeza. Está basada en una enseñanza que dio Jesús acerca de la fe, de cómo, aunque tuviéramos fe del tamaño de una pequeña semilla de mostaza, podríamos hacer cosas tan grandes como mover una montaña.

Mi mamá la ponía mucho en el auto camino a la escuela, y recuerdo que una mañana, mientras la escuchaba, decidí probar el tamaño de mi fe. ¿Cómo? Pues, sencillo: viendo si podía mover con la pura vista una montaña. Me quedé mirando fijamente al Cerro de la Silla, famoso monte en mi ciudad, mientras pensaba y cantaba a la vez: «Se moverá, se moverá, se moverá». Cuando me cansé de intentar con la montaña, pasé a intentarlo con un árbol, con un vaso, con una pluma... Debo confesarles que era una época en la que estaba algo obsesionada con la película de Matilda, quien movía cosas con la vista.

Por mucho tiempo, pensé que esta fe de la que Jesús habla era la fe que me capacitaría para hacer cosas impresionantes al ojo humano, acciones que cuando las personas vieran, dijeran: «¡Vaya! ¿Viste cómo la vecina movió un árbol de un lado a otro?». Hasta que, estudiando una de las ocasiones en las que Jesús enseña sobre la semilla de mostaza, leyendo los versículos anteriores a la metáfora, comprendí que esta fe va mucho más allá de mover algo en el exterior; no habla en sí de mover algo físico. Es la fe necesaria para mover una de las cosas más grandes y profundas que crecen en el interior del ser humano. Momentos antes de referirse a la fe del tamaño de esta semilla, Jesús dijo:

¡Tengan cuidado! Si tu hermano peca, repréndelo; y si se arrepiente, perdónalo. Y si peca contra ti siete veces al día, y vuelve a ti siete veces, diciendo: «Me arrepiento», perdónalo. (Lucas 17:3-4, NBLA)

Pausemos un momento e imaginémonos esta situación que Jesús está planteando a Sus discípulos: una persona cercana a ti, un hermano, te ofende un día por la mañana de una forma dolorosa para ti; se da cuenta, te pide perdón y lo perdonas. Al regresar a casa al mediodía, vuelve a lastimarte con su manera de actuar. *¿Será que no fue genuina su disculpa anterior?*, podrías pensar. Tu hermano te pide perdón una vez más, le crees y lo perdonas. Pero llega la tarde y decide pecar contra ti cinco veces más de distintas maneras. ¿Cómo te sentirías? Seguramente, molesto o dolido, con ganas de no verle más la cara. Antes de irse a dormir, tu hermano vuelve y te pide que lo perdones por su manera de actuar. ¿Lo perdonarías otra vez? Para mí, sería algo muy difícil.

Pero Jesús está diciendo que Sus discípulos, al encontrarse en esa situación, deberán hacerlo. Ahora, el mensaje de Jesús no es que hay una cantidad máxima de veces a perdonar al día... que si te ofenden una octava vez, entonces ya tienes permiso de no perdonar. Hay ofensas únicas que duelen más que siete o diez ofensas en un día. Él está poniendo un ejemplo de la capacidad de perdonar de quienes lo siguen.

Cuando leí esto, pensé: «Jesús, ¿cómo es posible lo que me estás pidiendo? ¿Cómo es posible vivir aceptando a quien me ofendió? ¿Cómo es posible perdonar al ser cercano que me lastimó de una forma tan profunda? ¿Cómo es posible avanzar en la vida sin amargura y resentimiento en mi corazón?». Así se encontraban los discípulos, perplejos ante lo que Jesús les estaba pidiendo. En el versículo siguiente, leemos: «Los apóstoles dijeron al Señor: "¡Auméntanos la fe!"».

La fe es un regalo de Dios, no es algo que tú y yo podemos crear; y los discípulos entendieron esto. Habían presenciado milagros extravagantes, multiplicación de alimentos, caminar sobre el agua, sanidad de enfermos, pero se toparon con la realidad de que hay un milagro más importante, más necesario, y que requiere mayor fe: la fe para poder perdonar lo que humanamente es imperdonable, y experimentar el milagro de caminar sobre las aguas de la ofensa sin ahogarnos en el rencor y la amargura.

Un sicómoro es un árbol común de encontrar en zonas desérticas, como en la que caminaban Jesús y Sus discípulos. Es un árbol que aun en un ambiente extremo y seco crece en gran manera. Es robusto, logra dar mucha sombra a su alrededor y tiene raíces fuertes que muchas veces se dejan ver en el exterior.

El rencor y la amargura se parecen un poco a este árbol. Crecen en ambientes hostiles, su semilla es sembrada en la tierra del corazón humano apenas este es ofendido por alguien, sobre todo por un ser a quien le confió el corazón. Sus raíces crecen de forma interna y profunda, y al paso del tiempo, se dejarán ver al ojo exterior a través de tristeza, enojo, incapacidad de apertura emocional, miedos, insomnio e incluso dolores corporales. Son tan grandes que crean un ambiente sombrío, bloquean la luz de la vida que quiere animar al corazón dolido y terminan impidiéndole que continúe caminando con esperanza.

Si hoy tienes tu corazón detenido bajo el sicómoro que ha estado creciendo por tiempo ya dentro de ti, te quiero dar un mensaje de esperanza. Jesús dijo: «Si tuvieran fe como un grano de mostaza, dirían a este sicómoro: "Desarráigate y plántate en el mar", y les obedecería» (Luc. 17:6, NBLA).

Un grano de mostaza en sí solo no tiene mucho potencial, al igual que la fe humana sola, pero cuando la fe es puesta en el lugar correcto, lo sobrenatural sucede. No se trata de poner la pequeña fe que te queda en tus capacidades emocionales de sobrellevar la situación; tampoco es ponerla en la espera de que tu ofensor vaya a regresar un día genuinamente arrepentido, arregle el mal hecho y te prometa no volver a agraviarte.

Es una fe puesta completamente en la persona de Jesús y en la obra consumada de Su cruz. Es fe en la verdad de que Él entregó Su vida en el madero para perdonarte de tus muchos errores (muchos más que siete al día). Es fe en la realidad de que en medio del dolor más profundo que Él estaba experimentando en la cruz, solo clamó: «Padre, perdónalos porque no saben lo que hacen». Es fe en que ese mismo hombre, todopoderoso para perdonar el pecado y la ofensa de la humanidad entera, vive en ti y anhela que experimentes Su capacidad perdonadora para hacerte libre de una vez por todas de lo que te roba la vida y el gozo.

Cuando tus ojos dejan de contemplar al ofensor y se comienzan a enfocar en el Perdonador, el milagro comienza a suceder. Será un proceso, habrá dolor, pero no apartado de un consuelo aún mayor de parte del Perdonador mismo, quien está transformando de manera perfecta tu llanto en alegría.

Las heridas de la ofensa no comenzarán a ser sanadas hasta que sean expuestas. Muchas veces, creemos que al cubrir y esconder el dolor, lograremos que desaparezca, pero sucede lo contrario: crece. A un sicómoro que acaba de salir de la tierra es sencillo cubrirlo con una pequeña manta, pero es cuestión de tiempo para que esa manta sea incapaz de esconderlo. Es cansador intentar cubrir un gran árbol con una pequeña manta. Deja de usar tu energía en cubrir lo incubrible, y enfócala en Cristo, y Él hará por ti el milagro de desarraigar ese inmenso árbol de tu corazón y de echarlo al fondo del mar. Dios se deleita en hacer esto en la vida de Sus hijos, porque es una evidencia del mayor de los milagros que Él hizo por nosotros. Lee conmigo esta profecía que se dio cientos de años antes del sacrificio de Jesús:

> Volverás a tener compasión de nosotros. ¡Aplastarás nuestros peca-dos bajo tus pies y los arrojarás a las profundidades del océano! (Miq. 7:19)

Dios fue el primero en experimentar el profundo e hiriente dolor de la ofensa, nuestra ofensa, nuestro pecado. Pero Su corazón lleno de compasión transformó Su momento más doloroso en el más glorioso. ¿Y cómo fue que Su compasión actuó para con nosotros? Tomando nuestras fallas y arrojándolas a las profun-didades del océano donde no las verá más. Él comprende más que nadie la ofensa y el dolor, y no solo eso, sino que es el único que sabe cómo tratar con ellos de manera definitiva. Dios es el experto arrojador de ofensas al mar.

En Cristo, la tormenta de la ofensa que estaba planeada para hun-dirte te enseñará a caminar sobre las aguas. Todo pecado cometido contra tu persona, así como todo tu pecado cometido contra Dios, quedará bajo tus pies mientras caminas cautivo por Aquel que te enseña a caminar en lo sobrenatural. Corre a Su abrazo, Él sanará y consolará cada herida que ese árbol haya dejado en tu interior.

Dios no borra nuestros recuerdos de lo acontecido, pero con Su presencia consoladora, logra convertir en vida aquello que era para muerte. El dolor físico más fuerte que he experimentado fue durante los días después de tener a mi hijo por cesárea. Si no fuera por el trato médico, una apertura corporal así terminaría en muerte. Pero puse mi fe y confianza en dejarme ser tratada por los expertos y seguí sus indicaciones. Hoy tengo una cicatriz grande, pero cuando la veo, me gozo porque sé que representa la vida que recibí a través de ella. Recuerdo el dolor, sí, pero ya no lo siento. Las heridas dejan cicatrices, pero cuando dejamos que Dios, el experto sanador, trate con ellas, y seguimos Sus indicaciones para cooperar en el proceso de sanidad, leyendo Su Palabra, orando y meditando en Su amor, al paso del tiempo voltearemos a ver esa cicatriz sin más dolor, y más bien con gozo de saber que Dios obró con vida en medio de nuestro momento más difícil. Finalmente, quiero decirte esta realidad: extender perdón no va a cambiar el pasado, pero sí va a determinar tu futuro.

Somos humanos imperfectos. Las ofensas siempre van a existir entre nosotros, pero si nuestra fe está puesta en el Dios que es perfecto, nada nos va a detener de continuar amando y perdonando en el camino, así como Él lo hizo, y lo sigue haciendo con nosotros.

PARA MEDITAR:

¿Puedes identificar algún sicómoro (ofensa y falta de perdón) en tu corazón?

¿Puedes identificar cuándo comenzó y cómo ha impactado tu vida?

PARA APLICAR:

Si dentro de la lectura y la meditación, te encontraste con un tema de falta de perdón en tu corazón, toma un tiempo para conversar con Dios, para agradecer Su perdón para contigo y pedirle que Su capacidad perdonadora se manifieste en ti para con quien te haya ofendido. Y en esta dependencia de Él, da lo más pronto posible los pasos necesarios —una llamada, una visita, una confesión— para que este sicómoro deje de existir en tu corazón.

Usa este espacio para tus notas...

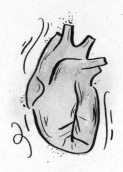

«No dejen que el corazón se les llene de angustia; confíen en Dios y confíen también en mí. En el hogar de mi Padre, hay lugar más que suficiente. Si no fuera así, ¿acaso les habría dicho que voy a prepararles un lugar? Cuando todo esté listo, volveré para llevarlos, para que siempre estén conmigo donde yo estoy. Y ustedes conocen el camino que lleva adonde voy».

Juan 14:1-4

La película

Hay dos actividades en esta vida que mi esposo disfruta mucho, y yo lamentablemente no lo puedo acompañar en ellas. La primera es tomar café, negro y sin azúcar, y la segunda es ver películas de suspenso. He intentado realizar ambas, por amor a él, pero he fracasado en el intento. Imagínate que tenemos una cafetería y ni siquiera así he logrado el tema del café. Y en cuanto a las películas, recuerdo que hace un tiempo, mientras visitábamos a una familia de la iglesia, después de cenar y conversar, decidimos ponernos a ver una película. Empezaron las votaciones para ver cuál sería la elegida y terminamos eligiendo —bueno, *terminaron* eligiendo— una que se llama *El hombre invisible*. Obviamente, yo voté por una de romance, pero no tuve quién secundara mi propuesta y, solo por no quedar mal, me acomodé en el sillón y me dije: «Bueno, esta sí la aguantaré, puedo ver la película completa». Pero a los veinte minutos de *El hombre invisible,* fui yo la que me volví invisible al desparecer de esa sala y huir a otra parte de la casa para dejar de experimentar tanto miedo y estrés.

No sé si eres de los míos, o de los que creen que soy exagerada, pero mi familia es testigo de que son muy pocas las películas de suspenso que he logrado ver por completo, de principio a fin. Mi esposo sabe que hay una sola manera en la que puedo ver una película de suspenso, y es junto a alguien que ya la haya visto. ¿Por qué? Bueno, porque suelo acordar con esa persona que me avise cuando algo va a suceder, que me diga cuándo cerrar los ojos para no asustarme, o incluso que, cuando esté con mucho estrés, me adelante lo que va a pasar en la historia.

Y, por gracioso que parezca, cuando logro terminar una película de suspenso de esta manera, suelo verla una segunda y hasta tercera vez. En ocasiones, incluso yo la propongo: «Oigan, ¿qué les parece si vemos esta película?». Bien valiente, ¿verdad? Y hasta me vuelvo yo la que está tranquilizando a los demás que la ven por primera vez: «No pasa nada; todo bien, tranquilo». ¿Qué es lo que cambia? El simple pero transformador hecho de conocer el final de la película me permite verla con tranquilidad.

Hay un momento en la Biblia en donde nos encontramos con Jesús y Sus discípulos disfrutando una cena, que para ellos iniciaba como una más de las muchas que habían disfrutado con Jesús, pero tú y yo la conocemos como la Última Cena. En medio de esta última cena, Jesús les da a todos una noticia que los conmueve muchísimo. Les dice: «Me voy, y a donde voy no pueden ir conmigo por ahora». Para comprender el impacto de esto, tenemos que entender un poco el contexto de estos hombres. Los discípulos no solamente eran buenos amigos de Jesús con quienes pasaba un rato; para ellos, Jesús significaba todo. Habían dejado familia, casa, oficios, trabajo y planes al aceptar el llamado de Jesús a seguirlo. Comían, dormían, reían y lloraban juntos desde hacía tres años. Y mientras gozaban de una cena más juntos, Aquel que representaba todo, Jesús, les dice: «Me voy». Inmediatamente, todos los corazones alrededor de Él se llenaron de angustia. Me imagino cómo muchos seguramente empezaron a divisar su vida como una trama de suspenso: llena de incertidumbre, de confusión, de estrés, una trama a la cual no querían entrar.

Y Jesús, como es Dios y conoce el corazón y la mente de los suyos, aun en medio del silencio aquella noche, comenzó a hablar. Dentro de Sus palabras, dejó dos promesas que al día de hoy siguen trayendo paz y tranquilidad al alma a la cual la vida le presenta circunstancias de cambio, inciertas e incontrolables. Promesas que pueden hacer que el corazón angustiado no huya en temor, sino que permanezca confiado. La primera está en el Evangelio de Juan:

> No dejen que el corazón se les llene de angustia; confíen en Dios y confíen también en mí. En el hogar de mi Padre, hay lugar más que suficiente. Si no fuera así, ¿acaso les habría dicho que voy a prepararles un lugar? Cuando todo esté listo, volveré para llevarlos, para que siempre estén conmigo donde yo estoy. Y ustedes conocen el camino que lleva adonde voy. (Juan 14:1-4)

¿Cómo se libera un corazón lleno de angustia y ansiedad? Recordándole cuál es el final. El mensaje de paz y consuelo de Jesús a Sus discípulos comenzó al darles una visión del futuro glorioso de su historia. No hay situación capaz de cambiar el futuro permanente que Cristo ganó para todo el que cree en Él. Así como no importa cuántas veces veas una película, el final siempre va a ser el mismo, más confiable aún es el destino que Dios ha escrito. Es hermoso meditar en estas palabras, y darte cuenta de que Dios no solo promete preparar Él mismo y con todo Su amor y riqueza un lugar perfecto, sino que dentro de la promesa, podemos ver la verdadera gloria de ella: Él estará con nosotros para siempre. ¿Por qué? Porque nos ama. ¿Por qué? No alcanzo y no sé si alcanzaré a entenderlo; solo queda disfrutarlo eternamente.

En esa hora, los discípulos se sintieron confundidos sobre su futuro, pero la palabra divina de Jesús desmintió todos los pensamientos que atentaban con ahogarlos en angustia y ansiedad. Y eso mismo es lo que Dios quiere hacer contigo hoy, sin importar lo que estés viviendo. Nunca estás solo; tu vida no termina aquí en la tierra, y no tienes por qué preocuparte, como dijo Jesús inmediatamente después de revelar la promesa eterna: «Yo soy el camino, la verdad y la vida; nadie viene al Padre sino por Mí» (Juan 14:6, NBLA).

Puedes tener paz; Cristo Jesús ya ha vencido al mundo. Esta vida terrenal no es el final, es solamente una introducción a una eternidad escrita por el Autor de la vida. Y cuando tú y yo vivamos aferrados y abrazados a esta promesa, entonces aun cuando lleguen momentos de incertidumbre en nuestro caminar, podremos mantenernos en paz con la certeza de saber que, en Dios, todo ya está bien y todo va a estar bien. Te invito un momento a dejar volar tu imaginación a través de esta visión de lo celestial que nos espera:

Entonces vi un cielo nuevo y una tierra nueva, porque el primer cielo y la primera tierra habían desaparecido y también el mar. Y vi la ciudad santa, la nueva Jerusalén, que descendía del cielo desde la presencia de Dios, como una novia hermosamente vestida para su esposo. Oí una fuerte voz que salía del trono y decía: «¡Miren, el hogar de Dios ahora está entre su pueblo! Él vivirá con ellos, y ellos serán su pueblo. Dios mismo estará con ellos. Él les secará toda lágrima de los ojos, y no habrá más muerte ni tristeza ni llanto ni dolor. Todas esas cosas ya no existirán más». Y el que estaba sentado en el trono dijo: «¡Miren, hago nuevas todas las cosas!». Entonces me dijo: «Escribe esto, porque lo que te digo es verdadero y digno de confianza». También dijo: «¡Todo ha terminado! Yo soy el Alfa y la Omega, el Principio y el Fin. A todo el que tenga sed, yo le daré a beber gratuitamente de los manantiales del agua de la vida. Los que salgan vencedores heredarán todas esas bendiciones, y yo seré su Dios, y ellos serán mis hijos». (Apoc. 21:1-7)

Suficientemente glorioso es el regalo de un cielo nuevo y una tierra nueva que nos espera junto a Dios, ¿cierto? Mas aún así, Jesús nos dejó una segunda e igualmente gloriosa promesa. Continuó hablando con Sus discípulos y les dijo:

Pero el Consolador, el Espíritu Santo, a quien el Padre enviará en Mi nombre, Él les enseñará todas las cosas, y les recordará todo lo que les he dicho. La paz les dejo, Mi paz les doy; no se la doy a ustedes como el mundo la da. No se turbe su corazón ni tenga miedo. (Juan 14:26-27, NBLA)

Ante la noticia de la partida de Jesús, los discípulos no solo se sintieron angustiados, sino también abandonados, perdidos y huérfanos, y Dios, que lo sabía, les dio esta promesa: «Nunca estarán solos, mi Espíritu estará en y con ustedes». Porque Dios no solo está esperándonos en el final de la historia, Él está con nosotros en medio de toda la trama mientras llegamos al glorioso desenlace eterno por medio de Su Espíritu Santo. El Espíritu Santo es este acompañante perfecto en nosotros quien, cuando sentimos miedo, angustia o estrés, o cuando a nuestra mente le da una amnesia de la realidad espiritual, Él es fiel para recordarle a nuestro espíritu la verdad una y otra vez.

Así que, en vez de huir y esconderte, como yo lo hice aquel día viendo la película, acércate a Él y pídele: «Espíritu, tú que siempre estás conmigo, recuérdame hoy lo que es verdad, enciende luz en medio de la oscuridad». Y solo así podremos andar en un mundo que es incapaz de proveernos paz llenos de ella, con un corazón tranquilo y feliz.

El Espíritu Santo es el perfecto compañero para ver la película de la vida, es el perfecto abrazo consolador, y el mejor adelantador del final. Es Él quien hace que, aun ante las muchas escenas inciertas, complejas, e imperfectas que nos toque vivir en esta tierra, la película sea gloriosa, memorable y eternamente disfrutable.

PARA MEDITAR:

¿Qué provoca en ti pensar en la muerte física? ¿Es algo que genera temor o angustia en tu vida?

PARA APLICAR:

En una libreta o en un espacio de este libro, escribe cinco versículos de promesas a los que puedas recurrir en momentos de temor o incertidumbre, para recordar la verdad de Cristo sobre el tema de la muerte física.

Usa este espacio para tus notas…

«Marta, Marta —contestó el Señor—, estás inquieta y preocupada por muchas cosas, pero solo una es necesaria. María ha escogido la mejor, y nadie se la quitará».

Lucas 10:41-42 (NVI)

Greta

Tengo una nueva planta en casa y le puse por nombre «Greta». Decidí ponerle nombre porque creo que eso va a ser un incentivo para ser más responsable y atenta con ella, y no como con otras plantas sin nombre que traje con mucho entusiasmo a casa, pero que no me duraron mucho vivas. El día que traje a Greta a casa, noté que tenía una de sus hojas enrollada sobre sí misma, y dije: «Le voy a dar una ayudita», así que, muy ingenuamente, empecé a intentar abrir su hoja. Pero, en vez de ayudarla, acabé lastimándola.

Con los días, he visto que Greta ha empezado a abrir su hoja sin necesidad de que yo la manipule. Y al observar, me he puesto a meditar en cómo se asemeja esta situación a mi vida espiritual y a la tuya. Queremos crecer, queremos ser formados a la semejanza de Cristo, y ante ese hermoso anhelo, decidimos ingenuamente meter nuestras incapacitadas manos, nuestras estrategias y expectativas de tiempos para que esto suceda y, en vez de ayudar, acabamos lastimándonos en el proceso, o frustrándonos.

Hay una realidad muy importante a entender: el crecimiento —tanto de mi planta como de una persona de forma física, emocional y espiritual— es un milagro divino, no un proceso humano. Puedes tener, como yo, la buena intención de que algo crezca, pero no basta para que suceda. Puedes tener el deseo de ser más como Cristo, de crecer a Su semejanza, y es un buen deseo, pero no es algo que puedas lograr mediante tu propio esfuerzo y estrategias. La Palabra es clara y nos dice que Aquel que comenzó la buena obra en nosotros es el mismo que la va a continuar y a terminar. Entonces, puedes decir: «Bueno, Majo, ¿qué nos toca hacer? ¿Qué me toca hacer para propiciar y cooperar con este proceso de santificación y de transformación de Dios en mí?». Te voy a dar las tres cosas que, al cuidar a Greta, he aprendido que puedo hacer, y que nos muestran cómo podemos tú y yo cooperar en el crecimiento de la vida espiritual de Cristo en nosotros.

La primera es: mantente expuesto a la luz. Así como mi planta necesita luz para crecer, tú y yo necesitamos estar constantemente expuestos a la luz. Como mi planta necesita la luz del sol, tu espíritu y el mío necesitan la luz de la verdad de la persona de Cristo. La recibimos al exponernos a Su Palabra, al conversar con Él y contemplarlo cual planta que recibe los rayos del sol. El Señor no te pide que te esfuerces en ser como Dios independiente de Él; te llama a que lo veas y, a medida que lo hagas y lo conozcas, irás siendo trasformado a Su imagen.

Nos esforzamos en tantas cosas menos en verlo a Él. Tal vez porque no creemos que algo aparentemente sencillo tenga el potencial de transformarnos. Pero hoy en día, en el mundo acelerado en el que vivimos, lo que suena sencillo de hacer, como detenerte y meditar, se ha vuelto lo más complejo. Carecemos de tiempos y oportunidades de exponernos a la luz, y luego nos cuestionamos: «¿Por qué no cambio? ¿Por qué estoy desanimado?». Me impresiona cómo Pablo, entre tantas cosas que podía pedir por la iglesia, pidió esto: «Pido que les inunde de luz el corazón, para que puedan entender la esperanza segura que él ha dado a los que llamó» (Ef. 1:18).

Así que, en vez de frustrarte al no ver cambios externos en tu vida, busca mantener tu espíritu más y más expuesto a la luz de Cristo. ¿Quieres salir de un patrón pecaminoso? ¿Quieres que tu mente deje de pensar en las cosas que piensa? ¿Deseas dejar de reaccionar como lo haces en ciertas circunstancias? No metas tu mano para intentar arreglar las cosas solo de manera externa, y busca día a día exponerte a la Luz, la cual irá disipando toda tiniebla en ti. Sin luz, no hay crecimiento. Sin ver a Cristo, no hay crecimiento espiritual ni transformación del alma.

De igual forma, en vez de frustrarte cuando ves a alguien más con algún patrón pecaminoso, o que no está cambiando al tiempo y la manera en que tú quisieras, dedícate a orar por esa persona, y disponte a que, a través de tu vida y tus palabras, pueda ver la luz de Cristo. No cometas mi error con Greta, de manipular humanamente lo que no te toca.

Nuevamente, Pablo, en la carta a los efesios, los anima diciéndoles: «Oren en el Espíritu en todo momento y en toda ocasión. Manténganse alerta y sean persistentes en sus oraciones por todos los creyentes en todas partes» (Ef. 6:18).

La segunda cosa sumamente importante y esencial que tú y yo podemos hacer es mantenernos hidratados. Una planta que no recibe agua es una planta que no va a crecer, ¿cierto? Y un espíritu que no está siendo satisfecho por el agua espiritual es un espíritu que se secará. Tanto queremos dar fruto, pero ¿sabías que el fruto de un árbol está compuesto en su mayoría por agua? Es imposible que des fruto de amor, gozo, paz, paciencia, benignidad, bondad, fe, mansedumbre y templanza sin la llenura constante del Espíritu de Dios. Es imposible que cumplas el propósito de Dios estando seco en tu espíritu. Necesitamos el agua del Espíritu, necesitamos experimentar constantemente Su llenura para así seguir creciendo y dando fruto.

En mi vida ajetreada, para mantener a Greta y a mis otras plantas hidratas y vivas, he tenido que programar recordatorios en mi celular para tomarme espacios en mi agenda y regar adecuadamente cada una de ellas. De la misma manera, necesitamos aprender a guardar espacios en el día a día para llenar nuestra alma y espíritu de Dios. Recuerdo una vez que un pastor de jóvenes nos dijo: «Difícilmente en tu vida vas a encontrar momentos en los que el día vaya caminando de manera perfecta, tengas poco por hacer, estés en un lugar en silencio, en tranquilidad, en donde puedas tomar tu Biblia y leerla y orar durante horas a solas con Dios». Siempre vamos a tener cosas pendientes, y siempre va a haber distintos factores que puedan impedirnos pasar un tiempo para llenarnos de Dios. Hoy, como mamá, esposa, y alguien que trabaja, lo experimento más que nunca.

Al pensar en esto, no puedo evitar recordar la historia de Jesús con dos hermanas, Marta y María, en el Evangelio de Lucas. La Biblia menciona que Marta recibió a Jesús en su casa, le abrió la puerta y le dio la bienvenida, pero al cerrar la puerta, inmediatamente comenzó a hacer lo que en su mente era lo más importante en ese momento: actividades como preparar la mesa, limpiar y arreglar la cocina. Y, mientras lo hacía, observó una escena que le causó conflicto en su razonamiento: su hermana menor no estaba atrás de ella haciendo las mismas actividades domésticas; estaba sentada a los pies del invitado.

> Marta, por su parte, se sentía abrumada porque tenía mucho que hacer. Así que se acercó a él y le dijo: —Señor, ¿no te importa que mi hermana me haya dejado sirviendo sola? ¡Dile que me ayude! (Luc. 10:40, NVI)

Para Marta, María estaba perdiendo el tiempo al no atender a lo que para ella era lo más importante en ese momento. No podía entender cómo, ante tanto que hacer, ella «no hiciera nada». Y Jesús respondió: «Marta, Marta [...], estás inquieta y preocupada por muchas cosas, pero solo una es necesaria. María ha escogido la mejor, y nadie se la quitará» (vv. 41-42).

Me siento tan identificada con Marta; no sé si tú también. La mayoría le hemos abierto a Jesús la puerta de nuestra casa —de nuestra vida— para que entre, y lo hemos hecho con gran gusto y entusiasmo, pero el asunto está en qué sucede cuando cerramos la puerta. Es algo parecido a lo que me sucedió tantas veces con plantas que traje con mucho entusiasmo a mi casa, pero nunca me di el tiempo de atenderlas, de regarlas, de hidratarlas. Muchos hemos recibido la vida de Cristo en nosotros, pero tantas veces fallamos en cómo atenderla en el día a día.

Mi naturaleza y la tuya son como la de Marta en esta historia, pero la naturaleza del Espíritu en nosotros nos guía a ser María cada día, y necesitamos obedecerla. Habrá tiempo para todos los quehaceres, pero lo primero y más importante siempre será hacer un espacio para estar con el Ser más bello, más hermoso y glorioso que existe en la faz del universo, disfrutar de Él y así saciar nuestra sed y continuar creciendo.

Él vive en nosotros y es necesario que seamos conscientes de que Su presencia, Su Espíritu Santo, está en todo momento. Ya no se trata de ir a un lugar para escuchar Su voz o para poder hablar con Él, sino que Él hizo de nosotros Su templo. Y cuando entendemos eso, podemos vivir conscientes de que es posible tener tiempo con Dios en cualquier lugar. Podemos disfrutar de tener tiempo con Él aun cuando estamos rodeados de autos en pleno tráfico, cuando estamos en la escuela, cuando estamos en un receso, cuando estamos en el descanso del trabajo, cuando sacamos a nuestro hijo a pasear en su carriola, cuando esperamos en la fila de un avión. Todos esos momentos que estamos acostumbrados a llenar con navegar en redes sociales son oportunidades para escuchar la voz del Padre y navegar en lo profundo de Su corazón y Su Palabra.

No hay excusa; como bien dijo John Piper: «Uno de los grandes usos de Twitter y Facebook va a ser comprobar en el día final que la falta de oración no se debió a falta de tiempo»[1].

O Martín Lutero, que dijo: «Tengo tantas cosas que hacer hoy, [imagínate cuántas tenía ese hombre, ¿no?] por eso dedicaré las primeras tres horas del día para orar»[2].

Y finalmente, el tercer consejo: rodéate de buena tierra. Una buena tierra es esencial para el crecimiento de una planta, y para el crecimiento espiritual es necesario estar plantado en un ambiente de fe. ¿Qué nos está rodeando? Si nuestra tierra está muy seca, si tiene alguna plaga, si no es suficiente, eso puede detener nuestro proceso de crecimiento. ¿De quién y de qué te estás rodeando hoy? ¿Quiénes son tus amigos? ¿Tus actividades? ¿Qué estás compartiendo con las personas a tu alrededor? Busca rodearte de gente llena de fe, llena de nutrientes espirituales que te edifiquen para seguir creciendo y siendo transformado a la imagen de Cristo Jesús. Necesitamos estar conectados los unos con los otros, como cuerpo de Cristo, para crecer y seguir siendo transformados. No te dejes engañar con el pensamiento de que uno no necesita a la iglesia para continuar creciendo; es tan falso como creer que una planta no necesita tierra para crecer y dar fruto. Sí, la tierra tiene su característica de suciedad, así como tiene muchísimos seres humanos imperfectos reunidos bajo una misma fe, pero gracias a Cristo, a la semilla que nos habita y nos une, esta tierra imperfecta llamada iglesia tiene un gran propósito y futuro.

---

1. https://twitter.com/JohnPiper/status/5027319857
2. https://www.quoteslyfe.com/quote/I-have-so-much-to-do-that-29640

Finalmente, termino con Colosenses 3:16, que dice:

Que el mensaje de Cristo, con toda su riqueza, llene sus vidas. Enséñense y aconséjense unos a otros con toda la sabiduría que él da. Canten salmos e himnos y canciones espirituales a Dios con un corazón agradecido.

Greta, después de unos cinco días de tomar sol, agua y estar en su buena tierra, abrió su verde y bella hoja, y yo estoy contenta de verla cada día. Si tienes una planta en casa, transfórmala también en un recordatorio de que el milagro de la vida espiritual en ti no está en tus manos, sino en las de Dios. Ten fe para creer que, mientras la luz del evangelio esté brillando en tu vida, mientras te hidrates del Espíritu y te rodees de una buena tierra, el milagro de la vida de Dios que crece en ti va a continuar sucediendo, y darás mucho fruto que lo evidencie.

PARA MEDITAR:

Por un momento, permite que Dios examine tu vida y tu corazón, y piensa: ¿mi vida está expresando el fruto del Espíritu? ¿Estoy viviendo en dependencia de la luz, del agua de Cristo y de la comunión con la iglesia?

Para aplicar:

Cómprate una planta, puede ser pequeña, ponle nombre y colócala en un lugar donde constantemente la veas, para que cada vez que abras la ventana para que le dé el sol de la mañana, le pongas agua y revises su tierra, recuerdes esta enseñanza y examines tu propia vida. ¿Estoy exponiendo mi espíritu a la luz, al agua y a la buena tierra?

Usa este espacio para tus notas...

«Cercano está el Señor a los quebrantados de corazón, y salva a los abatidos de espíritu».

Salmo 34:18 (NBLA)

7

El gallo piña

Una de las cosas que más disfruté de vivir en casa de mis papás fue los viajes en auto que hicimos. Viajamos muchísimas horas en una camioneta, conociendo distintas partes del país. Cada miembro de la familia tenía sus razones principales por las cuales disfrutaba estas salidas. La mía es que tengo una buenísima capacidad de dormir en los autos (no me pasa en los aviones), y eso hacía que los trayectos se me pasaran muy rápido. Pero, para mi mamá, una de sus razones favoritas era tener espacio en la camioneta para comprar artesanías en cada ciudad a la que llegábamos. Todos sabíamos que iba a haber un día en medio del viaje en el que íbamos a acompañar a mi mamá a buscar esa artesanía que fuera perfecta a sus ojos. Y me acuerdo de que, en uno de esos viajes, después de un largo recorrido por un mercado, encontró una escultura de un gallo de madera, pero que estaba pintado con colores muy vívidos y, a mi parecer, parecía una piña. Entonces lo apodé: «El gallo piña».

El gallo piña fue bien envuelto por el artesano que lo fabricó, lo subimos a la camioneta y llegó sano y salvo después de horas de viaje a casa. Al llegar, obtuvo el lugar de honor de todas las artesanías que había en mi casa, que es el de la entrada principal. Sí, ahí al lado de la Biblia abierta. Así que mi mamá tenía su nueva y hermosa artesanía, pero también estaba su hija mayor, con casi diez años de vivir en esa casa, y era muy inquieta y activa... Y resulta ser que un día, mientras jugaba con mi hermana, no calculé mis movimientos y me golpeé contra la mesa de la entrada. Al voltear, pude ver, como si fuera en cámara lenta, cómo el gallo piña caía al suelo y perdía su pata, su cresta y no sé qué otras partes que salieron volando alrededor.

Quedé en *shock*. *¿Qué voy a hacer?* Me tiré al piso para buscar las piezas mientras pensaba qué hacer, y al encontrar la mayoría, pensé: «¡Ya lo resuelvo!». Ingenuamente, creyendo que tenía habilidades manuales —que, a la fecha, no tengo—, fui corriendo a buscar el pegamento y, mientras lo colocaba en esa pequeña pata naranja, pensaba: *Nadie se va a dar cuenta; no va a pasar nada*. Pero, no sé si el pegamento no estaba en buenas condiciones, o si mi pulso, por los nervios ese día, no me ayudó, que nada más lo empeoré; mi intento de arreglarlo era por demás de evidente, y en medio de ello, perdí una de las piezas... Bueno, al final, mi plan B fue ir y esconder el gallo piña, pensando: *Tal vez mi mamá no se dé cuenta.*

Todo ese día, me acuerdo que estuve súper preocupada, triste, condenada... *¿Por qué, Majo? ¿Por qué lo hiciste? Pudiste haber jugado en otro lado. ¿Qué va a decir mamá? ¿Qué va a pasar?* No pude hacer nada más esa tarde que pensar en qué pasaría cuando mi mamá llegara y viera que había quebrado su gallo piña. Y bueno, ella llegó y, obviamente, con solo verme y ver la mesa de la entrada, entendió qué había sucedido. Pero recuerdo que se acercó y dijo: «Hija, ¿qué paso? ¿Dónde está el gallo?». Yo no me resistí, y le dije: «Está allá, escondido. Perdóname... perdón». Y ella, con mucha calma, me respondió: «Tranquila, no pasa nada, vamos a ver».

Fue a buscar el gallo, lo miró y recuerdo que dijo: «No te preocupes; todo va a estar bien. Esto tiene completa solución». A la fecha, el gallo piña sigue vivo en la casa porque mi mamá, con sus habilidades, pudo restaurarlo. Y te cuento esta historia porque me recuerda lo que dice el Salmo 34:18: «Cercano está el Señor a los quebrantados de corazón, y salva a los abatidos de espíritu» (NBLA).

Por naturaleza, tendemos a esconder aquello que está quebrado. Como yo ese día, no tenemos capacidad de arreglar las cosas que se quiebran en lo profundo de nuestra alma ante movimientos y cambios inesperados en la vida, o equivocaciones propias o ajenas. Yo escondí esa artesanía, pero ¿cuántas veces más escondo mi corazón cuando está sufriendo? Cuando me encuentro quebrantada, pienso que la soledad lo puede solucionar, lo puede aliviar, pero al final el dolor se agrava al no encontrar consuelo ni esperanza. Mas qué especial es que la Biblia nos muestre que el Señor busca estar cercano a los quebrantados de corazón.

Tenemos un Dios que no se asusta ante el quebranto, un Dios que no le huye a nuestro dolor, a los pedazos caídos. Es un Dios que no espera perfección de tu parte, que no espera que todo siempre esté bien, sino que solo quiere que sepas que anhela estar cerca, y es un experto restaurador de lo quebrado.

Hace unas semanas, tuve días con muchísimo cansancio en todos los aspectos (físico, emocional y espiritual), e intenté recuperarme a mi forma —«Bueno, tal vez durmiendo; bueno, tal vez comiendo mejor»—, solo para darme cuenta de que el cansancio seguía en aumento y quebraba de forma profunda mi ánimo. Hasta que, una noche, ya después de que logré (con mucha dificultad) dormir a mi hijo, en medio de mi cansancio vine al Señor, me derramé ante Él y empecé a llorar, y dije: «Señor, ya no puedo, ya no puedo. Siento que ya no puedo más, te necesito». Tardé días en llegar a esto, porque mi naturaleza tiende a creer que la fuerza se encuentra en poder lograrlo todo sola, pero es justo lo contrario. La fuerza verdadera que viene del Espíritu solo se encuentra cuando venimos quebrantados ante Él reconociendo que, sin Él, no podemos.

Y recuerdo que, en ese momento de oración, el Espíritu me trajo a la mente una historia, muy conocida, de una mujer de mala fama que vivía en la época de Jesús. Mientras Jesús estaba en una cena, ella tomó un frasco de alabastro —un frasco de perfume que en ese entonces era muchísimo más valioso de lo que hoy es para nosotros un perfume— y vino y lo quebró a Sus pies. El Espíritu decidió resaltar esa historia en la Biblia entre las muchas otras en la vida de Jesús, porque para Jesús ese fue un acto tan importante de adoración y entrega.

Al meditar en ello, entendí lo que Dios quería enseñarme: «El quebranto solo tiene propósito a mis pies. El quebranto solo tiene futuro y oportunidad cuando sucede aquí conmigo», porque Dios es el Dios que está cerca de los quebrantados, y no solamente está cerca, sino que también tiene en sí mismo el amor y la gracia para restaurar cualquier cosa quebrantada en nuestras vidas. Él es el que da descanso al cansado, el que da consuelo al que llora. En el Sermón del Monte, Jesús dice: «Bienaventurados los que lloran, pues ellos serán consolados» (Mat. 5:4, NBLA). ¿Por quién? Por Él mismo, el Dios de gracia y de misericordia.

Qué real es esto: es el Dios que está cerca, no tienes que esconderte; no intentes atravesar tu dolor solo. Acércate confiadamente a Él, que es el Dios que tiene la sanidad y el alivio que tu alma necesita. Mira lo que se dice sobre esto en el libro *Manso y humilde*:

> Un médico compasivo viajó a lo profundo de la jungla para brindar atención médica a una tribu primitiva que padece una enfermedad contagiosa. Le han enviado su equipo médico. Ha diagnosticado correctamente el problema y los antibióticos están disponibles. Es rico y no necesita ningún tipo de compensación financiera. Pero a medida que trata de brindar atención, los afectados se niegan. Quieren cuidarse a sí mismos. Quieren ser sanados en sus propios términos. Finalmente, algunos jóvenes valientes dan un paso adelante para recibir la atención que se les brinda gratuitamente.
>
> ¿Qué siente el doctor?
>
> Alegría.
>
> Su alegría aumenta en la misma medida en que los enfermos acuden a él en busca de ayuda y sanidad, porque esa es la razón por la que viajó.
>
> ¿Cuánto más si los enfermos no son extraños, sino su propia familia?[1]

Si has puesto tu fe en Cristo Jesús, eres un hijo de Dios, y Dios se alegra cuando tú y yo no solamente nos acercamos cuando las cosas van bien, sino también cuando van mal. La adoración no solamente es levantar nuestras manos un domingo y decir: «Dios, santo eres», sino también doblar nuestras rodillas cualquier día de la semana: esa noche en la que ya no puedes más, y decir: «Dios, ya no puedo, te necesito». Dios es adorado y exaltado cuando lo hacemos, porque Él se goza en aliviar, en consolar y en abrazar el corazón de Sus hijos en medio del quebranto.

---

1. Dane Ortlund, *Manso y humilde* (Nashville, TN: B&H Español, 2021), p. 38.

PARA MEDITAR:

¿Qué es lo primero que viene a tu mente cuando piensas en una persona quebrantada? ¿Por qué?

PARA APLICAR:

En una libreta o un espacio de este libro, escribe dos listas. En una, anota cómo el mundo natural define y actúa hacia lo quebrantado, y en otra, cómo Dios define y actúa hacia lo quebrantado.

Usa este espacio para tus notas...

«Estad, pues, firmes, ceñidos vuestros lomos con la verdad, y vestidos con la coraza de justicia, y calzados los pies con el apresto del evangelio de la paz. Sobre todo, tomad el escudo de la fe, con que podáis apagar todos los dardos de fuego del maligno. Y tomad el yelmo de la salvación, y la espada del Espíritu, que es la palabra de Dios».

Efesios 6:14-17 (RVR1960)

La camioneta

Hace varios años, hice un viaje misionero. Nos prestaron a mí y a mis compañeros del instituto bíblico una camionetita para movernos de un lugar a otro. Y recuerdo que al final, dijimos: «Oigan, ¿qué les parece si vamos y la lavamos para entregar la camioneta limpia a las personas que con mucho amor nos la prestaron?». Y eso hicimos. Nos fuimos a un autolavado, el más cercano, a esos donde tú entras con el carro y ves toda la experiencia de limpieza. Llegó nuestro turno, todos íbamos muy cómodos en el auto entrando al autolavado, cuando de repente, la experiencia adentro se volvió 4D, porque el agua no solamente la podíamos ver por fuera, sino que la empezamos a sentir adentro también. La camioneta era algo vieja, y tenía algunos agujeros en el techo que no habíamos notado hasta ese momento, por lo cual el agua y el jabón no solo dejaron la camioneta mojada y con buen olor, sino que a nosotros también.

Esta historia la recordé hace poquito, mientras estábamos con mi esposo terminando de estudiar la carta de Efesios. En el capítulo 6, vimos esta parte donde Pablo se enfoca en hablar sobre la armadura de Dios, una armadura espiritual que todo creyente debe portar. Tal vez hayas escuchado un poco sobre esto, pero hay un elemento con el que Dios habló fuertemente a mi vida, y es la coraza. Dentro de todos los elementos —el yelmo, el cinto, etc.—, hay uno que es la coraza. ¿Y qué es la coraza? Es esta parte que los soldados usaban sobre el pecho para proteger su corazón, en medio de la guerra, en medio de los ataques. Y aquí la Biblia habla de «la coraza de justicia» (RVR1960).

Entonces, por mucho tiempo yo lo interpretaba así: «Tengo que portarme bien, tengo que ser justa, no tengo que equivocarme sino buscar siempre el camino correcto para mantener la coraza en mí, para mantener la coraza espiritual que protege mi corazón de los dardos del enemigo». Pero, oh, sorpresa, cada vez que me equivocaba, cada vez que fallaba, cada vez que no lograba ser justa, llegaban los dardos encendidos del enemigo de condenación, de vergüenza, de temor, que me hundían y me hacían sentir tan mal. Entonces, pensaba: «Dios, ¿de qué se trata? Estoy intentando tener esta coraza de justicia espiritual y parece que no funciona». Y la realidad es que no funcionaba porque yo no había entendido que la justicia no se trataba de *mi* justicia, sino de la justicia *de Cristo*. La coraza que estaba usando era como ese techo de la camioneta: tenía agujeros, tenía faltas, no era suficiente. Era como si yo anduviera en la batalla con una coraza frágil, hecha de cartón. Y por eso es que los dardos del enemigo siempre lograban llegar a mi corazón.

Esto es algo importantísimo de entender, porque Dios no nos pide que vivamos bajo nuestra propia justicia y nuestros propios esfuerzos, porque son inservibles, son inútiles. Se trata de la justicia de Dios manifiesta a través de nosotros cuando menguamos a nuestro intento de lograr una justicia propia. Él es el único justo, como dice Romanos 3: «No hay ni un solo justo, ni siquiera uno. Nadie es realmente sabio, nadie busca a Dios. Todos se desviaron, todos se volvieron inútiles. No hay ni uno que haga lo bueno, ni uno solo» (vv. 10-12).

Para experimentar la justicia divina y protectora de Cristo, tenemos que decepcionarnos de la propia. Dios mismo va a permitir que pasemos por una experiencia como la mía en el autolavado para darnos cuenta de que nuestra justicia y moral humanas tienen filtraciones y fallas. Esos momentos de evidente fracaso serán oportunidades para darnos cuenta de que hay una coraza perfecta, al decir: «No yo, sino Cristo». La vida en libertad del temor solo puede experimentarse cuando veamos a Cristo y Su obra consumada de justicia en la cruz siempre delante de nosotros cubriendo nuestro corazón, no importa cuántos dardos de condenación, vergüenza, engaño y duda el diablo pueda lanzar. Ver cómo son apagados ante la justicia de Aquel que nos cubre nos mantiene en la batalla llenos de paz y fe en que esta guerra ya fue ganada por la sangre redentora en la cruz.

Para meditar:

Toma un momento y pregúntate lo siguiente: ¿he estado intentando ser justo a los ojos de Dios en mis fuerzas? ¿En qué ha resultado?

Para aplicar:

Es más sencillo entregar las cosas que al ojo humano son malas de forma evidente, pero no las que al ojo humano son buenas. La justicia propia es algo que vemos como bueno. Por ende, es más difícil rendirla pero, a la vez, es sumamente liberador. Dedica un tiempo hoy para orar y entregar a Dios tu justicia propia, arrepentirte por intentar agradarlo con ella, y revestirte por fe con la justicia perfecta de Cristo.

Usa este espacio para tus notas...

«Y vio Jehová que Lea era menospreciada, y le dio hijos; pero Raquel era estéril. Y concibió Lea, y dio a luz un hijo, y llamó su nombre Rubén, porque dijo: Ha mirado Jehová mi aflicción».

Génesis 29:31-32 (RVR1960)

El timbre

Como seres humanos, es imposible evitar el rechazo. Viene tal vez por cómo eres, cómo hablas, cómo te vistes, cómo no te vistes, tu contexto, tu forma de reír... No sé por qué razón pueda venir, pero llega. Personalmente, es algo a lo que por mucho tiempo le di mucho peso en mi estado emocional, sobre todo en la etapa durante la secundaria y la preparatoria, cuando el rechazo era más probable, y más me afectaba.

Recuerdo cómo ese sonido de la campana del recreo causaba mucha ansiedad en mí, porque empezaba a pensar: «¿Con quién voy a hablar en el recreo? ¿Me van a aceptar o no me van a aceptar? ¿Voy a encajar? ¿Voy a ser la rara? ¿Qué va a pasar?».

Humanamente, reaccionamos al rechazo diciendo: «Bueno, ¿qué tengo que hacer?», o «¿Qué tengo que dejar de hacer? ¿Cómo puedo encajar?». Esta manera de pensar me llevó a comprometer varias de mis convicciones, a dejar de ser lo que realmente era, con tal de encajar con un cierto grupo de personas.

Y la verdad es que muchas veces logramos esas metas de pertenecer a corto plazo, logramos muchas veces cambiar y encajar, pero la realidad es que pasan los años, pasamos a otra etapa, cambiamos de contexto, cambiamos de grupo de personas y el rechazo se vuelve a presentar y vuelve a evidenciar el mismo temor y dolor en nuestro interior, que tiene el potencial de cambiarnos. Hay una verdad que con el tiempo he entendido: el rechazo no se debe enfrentar cambiando lo que esta fuera, sino llenando lo que está adentro.

Te quiero compartir una historia que hace un tiempo mis pastores compartieron conmigo y trajo tanta luz alrededor del tema. Está en Génesis 29, a partir del versículo 31. En esta historia, vamos a encontrar a tres personajes, dos ellas mujeres: Lea y Raquel. Ellas eran hermanas, y probablemente el nombre de

Raquel te suena más familiar, porque podemos decir que, en esta historia, es la popular. La Biblia dice que era hermosa: un rostro hermoso, un cuerpo hermoso, ya te imaginarás. Luego estaba Lea, la hermana mayor, y la Biblia dice que solo tenía un brillo bonito en los ojos, que ahora podríamos traducirlo como: «Tiene bonita letra», y ya. Y el tercer personaje es Jacob.

Luego puedes estudiar la historia, leerla, pero te la voy resumir diciendo que en este momento, por una situación bastante rara, ambas hermanas estaban casadas con el mismo hombre: Jacob. Y ¿de quién crees que Jacob estaba enamorado? Obviamente, de Raquel. Lea era rechazada constantemente por su esposo Jacob, porque Jacob estaba perdidamente enamorado de Raquel. Si para Lea habrá sido duro vivir durante años bajo la sombra de su hermana, «la bonita», imagínate lo que habrá sido imaginar una vida completa sin ser vista por quien era su esposo.

Vamos a pasar a un detalle importante en esta historia. En el versículo 31, dice: «Cuando el SEÑOR vio que Lea no era amada...».

Voy a hacer una pausa ahí. Me sigue cautivando cómo Dios ve lo que otros no ven. Él siempre lo ve y se acerca. Y dice: «Cuando el SEÑOR vio que Lea no era amada, le concedió que tuviera hijos, pero Raquel no podía concebir. Así que Lea quedó embarazada y dio a luz un hijo, a quien llamó Rubén, porque dijo: "El SEÑOR se ha dado cuenta de mi sufrimiento y ahora mi esposo me amará"» (vv. 31-32).

Vamos a hacer una pausa ahí. Dios, en Su gran amor para con Lea, le concedió tener un hijo. Y Lea dio a luz y vio a su hijo y dijo: «Sí, Dios me lo dio para que entonces mi esposo me ame, para que entonces pueda dejar de ser rechazada». Y continúa el versículo 33: «Al poco tiempo, volvió a quedar embarazada y dio a luz otro hijo, a quien llamó Simeón, porque dijo: "El SEÑOR oyó que yo no era amada y me ha dado otro hijo"».

Aquí vemos cómo, con su primer hijo, Jacob no amó a Lea, entonces ella pensó: «Bueno, con el segundo, voy a ser amada», pero la situación continuó igual: Jacob seguía sin amar a Lea.

Después quedó embarazada por tercera vez y dio a luz otro hijo. Lo llamaron Leví, porque ella dijo: «Ciertamente esta vez mi esposo sentirá cariño por mí, ya que le he dado tres hijos». (v. 34)

Conmueve mi corazón ver, a través de los nombres que elegía Lea para sus hijos, que su expectativa pasó de creer que Jacob la iba a amar, a decir: «Aunque sea un poco de cariño, aunque sea un poquito, con eso me doy por satisfecha». Ya tuve un hijo y no es algo fácil; es tanto esfuerzo y entrega. Muchas cosas cambian: el cuerpo, el sueño, hasta el cabello. Y Lea, con cada esfuerzo, cada cambio y entrega de vida representada en sus hijos, esperaba recibir amor de su esposo en respuesta, sin éxito.

Y son muchas las ocasiones en las que, de manera consciente o inconsciente, nos podemos encontrar así, pensando que algo que podemos hacer, que podamos cambiar —dar a luz, en el caso de Lea—, por fin va a lograr que seamos aceptados y plenos. Y creemos que con la aceptación y aunque sea un poco de cariño de algún prójimo nuestra alma entonces será satisfecha de ese vacío que intentamos cubrir con la pertenencia.

Para Hollywood, el mejor final de esta historia sería algo así: «Y entonces Lea tuvo su tercer hijo, Jacob miró al hijo, miró a Lea, se enamoró de ella, le pidió perdón por todo, decidió comprometerse y dedicarse únicamente a ella, para amarla y cuidarla hasta que la muerte los separe». Pero esta no es una historia de Hollywood, porque la realidad es que Jacob siguió rechazando a Lea, las cosas externamente no cambiaron en lo más mínimo, pero Aquel que intervino en la historia vino a cambiar algo más importante y profundo aún.

Quiero que leamos este último versículo 35:

Una vez más Lea quedó embarazada y dio a luz otro hijo, a quien llamó Judá, porque dijo: «¡Ahora alabaré al Señor!». Y entonces dejó de tener hijos.

Lea, por primera vez, después de su tercer hijo, en vez de buscar la mirada de aprobación de Jacob, alzó sus ojos y contempló a Dios, y al verlo se dio cuenta de cuán amada ya era por Él tal y como era, incluso antes de ser madre, y a través del nombre de su hijo Judá confesó: «Ahora me dedicaré a alabar al Señor».

Podemos pasar años esforzándonos por encontrar algo que, en realidad, ya tenemos en Dios. Recién cuando nuestros ojos espirituales sean abiertos para ver el corazón de quien nos ama con un amor eterno e incondicional, nos haremos inmunes al rechazo de otros. Cuando tú y yo encontramos nuestro deleite y satisfacción en el amor de Dios, entonces no importa cuántas veces el rechazo venga y toque a la puerta de nuestra vida; no nos conmoverá, no nos presionará a cambiar, sino que nos encontrará plenos y siendo transformados ya de gloria en gloria por el Dios que nos aceptó y nos ama de forma comprometida y única. Dios el Padre perfecto se complace en ti, en quien habita el Hijo perfecto. Todo vacío que te ha llevado e inclinado a buscar aprobación en fuentes humanas y naturales es totalmente satisfecho en el Padre, y esa realidad revelada a través del Espíritu a nuestro espíritu impacta el alma, las emociones y los pensamientos, llenándolos de gozo y paz, no importa la circunstancia. Solo Su perfecto amor puede venir y quitar el temor (ver 1 Jn. 4:18). Como dice Romanos 8: «Y ustedes no han recibido un espíritu que los esclavice al miedo. En cambio, recibieron el Espíritu de Dios cuando él los adoptó como sus propios hijos. Ahora lo llamamos "Abba, Padre". Pues su Espíritu se une a nuestro espíritu para confirmar que somos hijos de Dios» (vv. 15-16).

El Espíritu de Dios nos mantiene seguros al saber quiénes somos, sin importar lo que otros puedan decir. Es Su seguridad la que puede hacer que el sonido de un timbre que en un momento causaba gran intranquilidad e inseguridad ahora no cause absolutamente nada, porque nos mantiene escuchando en nuestro interior el sonido llenador de la voz del Padre, que susurra: «Yo te amo».

Hay un detalle más que quiero resaltar en esta historia. Algo que me fascina de leer el Antiguo Testamento es encontrar a Cristo en todo, y esta historia, nuevamente, no es la excepción. Porque si vas al Nuevo Testamento, donde están las genealogías de Aquel que vino a hacernos aceptos al Padre por medio de Su sangre en la cruz, encontrarás ahí escrito el nombre de uno de los hijos de Lea. ¿Cuál crees? Judá, el cuarto. Dios eligió el vientre de esta mujer, que el mundo rechazaba, para ser parte de la llegada no solo de los hijos que pudo conocer y disfrutar, sino del Hijo que hoy tú y yo podemos conocer y disfrutar. Pero recién cuando nació Judá, Lea eligió a Dios como su fuente de amor, en lugar de esperar en su esposo.

De la misma manera, hasta que nuestros ojos sean abiertos y Cristo sea revelado a nosotros, no dejaremos de buscar nuestra satisfacción en otras fuentes. Si no dejamos de tener nuestra esperanza y expectativa de aceptación, pertenencia y amor en fuentes humanas o naturales, no podremos experimentar la plenitud que viene de Cristo cuando es formado en nosotros y transforma todas las cosas.

Para meditar:

¿Has experimentado últimamente alguna situación en la que te hayas sentido rechazado? ¿Cómo está tu corazón respecto a esto? ¿Tienes libertad y has podido perdonar, o sigues sintiendo amargura y dolor cuando piensas en esa situación? Si identificas que sigue siendo un tema que no has sanado, dedica un tiempo para meditar en la aceptación que tienes en Cristo, y pídele que te ayude a dejar de buscar plenitud y satisfacción en cualquier fuente que no sea Él.

PARA APLICAR:

En el espacio a continuación, haz dos columnas. En una, anota cuatro maneras en las que reaccionas naturalmente al rechazo (por ejemplo, ofendiéndote). En la otra, escribe cuatro maneras en las que respondes al rechazo cuando estás lleno del Espíritu (por ejemplo, con perdón).

Usa este espacio para tus notas...

Dice Isaías que Jesús es el varón «experimentado en quebranto» (Isa. 53:3, RVR1960), y nuevamente, la Biblia nos dejó una ventana para poder ver esa realidad de Jesús en los últimos momentos antes de ir a la cruz. Dice Mateo 26:38: «Les dijo: "Mi alma está destrozada de tanta tristeza, hasta el punto de la muerte. Quédense aquí y velen conmigo"».

10

El tren

Hace unos años, tuve la oportunidad de conocer un impresionante país llamado Japón. Aprendí de su cultura, de su orden, de su excelencia, de su puntualidad. Y mientras más tiempo pasaba allí, más me daba cuenta de cuánto necesitaba trabajar en mi disciplina y en mi puntualidad. Recuerdo que, si el horario del tren decía que llegaba a las 9:58, yo pensaba: «No, pues, podemos llegar a las 10 y lo alcanzamos», pero no, lo perdíamos, porque si decía 9:58, no llegaba ni un minuto antes, ni un minuto después.

Hasta que un día, algo distinto sucedió, porque al llegar en el horario señalado, el tren no estaba ahí. Me resultó extraño, así que le pregunté a un amigo que venía con nosotros y que vivía allí por qué podía haber sucedido esto. Me contestó con una realidad que me dejó helada, me dijo que el motivo principal por el que un tren puede retrasarse en Japón es un accidente corporal; esto es, que una persona decidió quitarse la vida en las vías del tren.

Quedé sumamente impactada. Fue una respuesta que no vi venir. Estábamos allá en el mes de septiembre y mi amigo me comentó que estaba comenzando la temporada estacional donde esto tiende a ser más común, en el tiempo de invierno. Mientras escribo esto, donde yo vivo —del otro lado del mundo— está entrando el invierno, y recordé esta impactante y triste realidad. Meditando, creo que podemos estar de acuerdo en que hoy en día esto que te comparto no solo es una situación que se vive en un país seguramente lejano al tuyo, sino que cada vez es una realidad más y más palpable y cercana a nosotros también.

Crecí en una familia de padre y abuelo psiquiatras, por lo cual me tocó ver, en libros de la biblioteca de mi casa, palabras que tal vez muchos niños no llegaron a escuchar nunca, y pude saber algo sobre ellas. Son palabras que hoy en día se han vuelto comunes de escuchar, sea cual sea el contexto profesional de tu familia; palabras como *ansiedad* y *depresión*. Y una pregunta específica que en los últimos años he podido oír mencionar dentro del contexto de la iglesia es: ¿un creyente en Dios puede deprimirse? Tal vez la has escuchado, quizás te la has hecho tú. Mi intención no es venir con un membrete de hija de un psiquiatra buscando darte una respuesta a la luz de la salud mental, porque no es mi lugar, pero, con humildad, quiero guiarte a que veamos qué respuesta y realidad encontramos en la Palabra de Dios.

Comencemos con el Salmo 6:6-7: «Estoy agotado de tanto llorar; toda la noche inundo mi cama con llanto, la empapo con mis lágrimas. El dolor me nubla la vista; tengo los ojos gastados a causa de todos mis enemigos».

He conversado con amigos que atraviesan una etapa de suma tristeza e incluso depresión, y algo que mencionan es sentir que cada mañana hay como una nube gris, de neblina, que no les deja ver el sol, una expresión muy similar a la que encontramos en este salmo que escribió el rey David. Leyendo su historia, podemos ver que fue un hombre grandemente usado por Dios, a quien Dios mismo llamó «un hombre conforme a su propio corazón» (1 Sam. 13:14), pero eso no quitó que fuera un hombre que atravesó valles de tristeza sumamente profundos.

La Biblia es un libro completamente inspirado por Dios, y en esa inspiración divina, Él decidió dejarnos una ventana muy clara a las batallas emocionales de uno de los personajes más renombrados e importantes en la historia de la redención, a través de tantos de sus escritos en los salmos. Y aun así, cuando tú y yo pensamos en David, no lo recordamos por sus tristezas profundas, porque ninguna fue causa de ser rechazado por el Dios que lo amaba, lo acompañaba y lo levantaba una y otra vez para continuar cumpliendo el propósito de su vida.

Otro personaje sumamente conocido por sus grandes proezas de fe fue el profeta Elías, poderosamente usado para expresar el mensaje del corazón de Dios a la gente de su generación. Es un hombre a quien se lo recuerda por su valentía y su devoción. Pero en su historia, Dios no solo nos dejó escritas sus victorias, sino también sus momentos más grises. Después de uno de sus más icónicos momentos donde, en medio de sus enemigos y a través de Dios, hizo que cayera fuego del cielo en el monte Carmelo (1 Rey. 18:20-40), lo encontramos en el desierto cansado, atemorizado por el futuro y deseando morirse. Leamos lo que su alma expresa en medio de ese momento: «¡Dios, ya no aguanto más! Quítame la vida, pues no soy mejor que mis antepasados» (1 Rey. 19:4, TLA).

Del momento más alto de su vida, pasó a desear terminar con ella. Pero te animo a continuar la historia y darte cuenta de que, en medio de su tristeza profunda, vivió lo mismo que David. Dios nunca lo dejó y, a Su tiempo, con amor y paciencia, lo fue levantando. Esa misma narrativa la encontrarás en tantos relatos más a lo largo de la Biblia; entre ellos, los de Jeremías, Job, Pedro y muchos otros hombres que experimentaron una etapa de profundo desánimo —seguramente de depresión—, pero a la vez, de constante acompañamiento y consuelo de parte del Dios en el que creían. En sus historias, no vemos que la intervención divina de Dios se haya manifestado de un momento a otro y que milagrosamente hayan dejado de estar tristes. Mas sí vemos que el común denominador fue que, en medio de todos sus momentos de llanto, nunca estuvieron solos.

La raíz de la tristeza y de la depresión, como cualquier otra enfermedad en el cuerpo, tuvo origen en el momento en el que, en Génesis 2, entró el pecado, trayendo separación entre Dios y el hombre y dejando el alma, las emociones del hombre, separada de Su Espíritu y Su fruto que resulta en gozo y paz. Fue ese día en el que, como humanidad, comenzamos a recorrer un camino de sufrimiento, de pérdida, de tristeza y por primera vez, de muerte. Mas en medio de nuestra condición, de vivir con nuestro corazón y mente con tendencias al desánimo, a la ansiedad, y finalmente a la muerte, el Dios de vida se manifestó entre nosotros.

Dice el Evangelio de Juan que la luz vino y habitó en medio de nuestra oscuridad, y fue trayendo esperanza a todos los que andaban por la vida con una nube de oscuridad y neblina cubriendo sus ojos. Hay un momento conmovedor en la historia de Jesús en la tierra, donde nuevamente vemos Su manera de estar en medio de la tristeza. Uno de sus mejores amigos, Lázaro, había muerto ya tres días atrás, y la Biblia resalta un detalle que desmiente toda creencia de que Dios huye de aquellos que lloran, porque dice que en medio del funeral, Jesús, junto con todos, se echó a llorar. El Dios creador del sistema de nuestro cuerpo que nos permite llorar, lloró. Y lo que más me impresiona es que Él ya sabía que Lázaro iba a salir de esa tumba, pero eso no le iba a robar el momento de llorar junto con los que lloraban y acompañarlos al identificarse y experimentar el dolor.

Este suceso fue solo unos días antes de la cúspide de Su caminar, porque Jesús, sabiendo la raíz y el destino de nuestra naturaleza de pecado, no vino solo a darnos una palmada en la espalda y a decirnos: «Tú puedes, sonríe, dale para adelante». Él vino a sumergirse en nuestra situación, a identificarse con ella, sufrirla y llevarla consigo a la cruz del Calvario para poner un eterno «consumado es». Dice Isaías que Jesús es el varón experimentado en quebranto (Isa. 53:3, RVR1960), y nuevamente, la Biblia nos dejó una ventana para poder ver esa realidad de Jesús en los últimos momentos antes de ir a la cruz. Dice Mateo 26:38: «Les dijo: "Mi alma está destrozada de tanta tristeza, hasta el punto de la muerte. Quédense aquí y velen conmigo"».

Así que volvamos a nuestra pregunta inicial: ¿un creyente en Dios puede desanimarse o incluso deprimirse? Creo que la respuesta es clara. Pero lo más importante con lo que quiero que te quedes no es otro mensaje motivador sin poder, ni tampoco un «yo te entiendo», al comenzar a contarte mis momentos de tristeza, porque cada quien tiene su historia y cada quien la siente de distinta manera. Mi propósito es que tu perspectiva de Dios hacia la situación de tu alma, o la de otro creyente o persona, cambie. Dios no huye del quebranto, es atraído a él. A Dios no lo asustan tus «bajones emocionales»; son conocidos de antemano por Él, y tampoco espera que en tus fuerzas y mediante tus propios recursos salgas adelante; Él quiere acompañarte en el proceso, tan corto o largo como vaya a ser.

En medio del túnel oscuro que atraviesa tu alma, deja que los ojos de tu espíritu, al leer la Escritura y al orar, puedan ver que estás caminando hacia una luz que brilla de forma gloriosa gracias a la victoria de Cristo Jesús, quien antes de ir a la cruz, nos dijo: «Aquí en el mundo tendrán muchas pruebas y tristezas; pero anímense, porque yo he vencido al mundo» (Juan 16:33). En medio de tu neblina mañanera, pausa un momento y permítete recordar lo que escribió el profeta: «¡El fiel amor del SEÑOR nunca se acaba! Sus misericordias jamás terminan. Grande es su fidelidad; sus misericordias son nuevas cada mañana» (Lam. 3:22-23). Dios está contigo siempre, y en medio de tu tristeza, Él tiene palabras de amor, de consuelo y de sabiduría para guiarte hacia Su destino de gloria, tanto el que tiene para ti en esta tierra como el que tiene para ti eternamente con Él cuando este mundo no sea más.

Termino con esto: si te vas a rendir, ríndete en Sus brazos de Padre. Si vas a tener un día en tu mente, que no sea el día en el que piensas terminar con tu vida, sino que llena tu mente de la profundidad del día en el cual la vida misma, Jesús, se entregó por amor a tu valiosa vida, y del día que Él prometió que volverá por ti.

No dejes que este tren de la vida termine contigo. Recuerda que este solamente es un viaje momentáneo que nos lleva, acompañados por Dios, al futuro glorioso que Él tiene preparado para ti y para mí.

Nota: Mi acercamiento al tema de la depresión o tristeza profunda en este escrito es por el lado espiritual, mas quiero pedirte que si tú, o algún ser cercano, se relaciona con este estado de tristeza y desánimo en su mente y corazón, puedan de la manera más pronta acercarse a un profesional de la salud mental. Dejemos de ver esto como un paso de falta de fe y, por el contrario, veámoslo como un paso de fe al creer que Dios también obra con sanidad a través de la medicina.

Para meditar:

¿Cómo está tu alma? ¿Te encuentras constantemente en un estado de profunda tristeza? ¿Te sientes acompañado o te sientes solo?

Para aplicar:

Si tu respuesta a la segunda pregunta en la meditación fue afirmativa, quiero invitarte a tres acciones:

1. Acércate a Dios. Expresa en oración a Dios la realidad del estado de tu corazón, sin vergüenza ni temor, como leímos que hicieron David y Elías. Desahógate con Él y permítete ser consolado también. Pídele Su intervención divina en tu situación.

2. Acércate a un líder. Busca a alguien en quien veas la vida de Cristo, y si no lo encuentras, a alguien que sepas que tiene gran amor y cuidado por ti. Exprésale cómo te sientes emocionalmente y pídele que te acompañe en este proceso emocional.

3. Acércate a un profesional. Así como vas al médico para revisar algo que te duele en el cuerpo, también debes dar el paso para acercarte a uno o dos profesionales de la salud mental, de preferencia, recomendados por alguien que conozcas y en quien confíes, para hablar de la situación por la que estás atravesando.

Usa este espacio para tus notas...

«Dios, habiendo hablado muchas veces y de muchas maneras en otro tiempo a los padres por los profetas, en estos postreros días nos ha hablado por el Hijo, a quien constituyó heredero de todo, y por quien asimismo hizo el universo».

Hebreos 1:1-2 (RVR1960)

11

El desierto

Durante un año y medio, mi esposo y yo vivimos en un estado de México llamado Chihuahua, en el norte del país. Durante el primer mes, decidimos hacer un viaje a Estados Unidos junto con amigos a comprar algunas cosas que nos faltaban todavía para nuestra nueva casa.

En el camino, en la carretera, yo venía viendo y disfrutando los paisajes tan únicos; entre ellos, el desierto de Samalayuca. Ante sus impresionantes dunas de arena, le pedí a mi amigo al volante que por favor se detuviera; quería contemplar mejor este lugar tan nuevo para mí. Nunca me había tocado estar en un lugar con tanta arena, sin un mar cerca.

Entonces, nos bajamos, nos tomamos fotos, lo pasamos muy bien, y para el día siguiente, ya podía decir, por primera vez, que había estado en un desierto, hablando de un lugar físico. Físico porque, muchas veces, cuando me preguntaban cosas como: «¿Qué te ha estado hablando Dios?», o «¿Cómo estás en tu relación con Dios?», yo respondía que me sentía en un desierto, hablando de lo espiritual.

A los días de esta visita al desierto, decidí abrir una pregunta en mi Instagram: «¿Qué característica crees que es la principal de un tiempo de desierto?». Y para mi sorpresa, la respuesta que más recibí fue: «el silencio de Dios».

¿Sabes que a Dios no lo asustan tus preguntas o tus dudas? Así que tenemos que dejar de sentir miedo de hacerlas, porque cuando tenemos preguntas, entonces nuestro espíritu busca, y Dios prometió que aquel que busca, encuentra, y al encontrar respuestas, nuestra manera de pensar y de operar cambia. Y la pregunta a meditar juntos es: ¿Dios guarda silencio? En Hebreos 1:1-2, encontramos un versículo que arroja luz: «Dios, que muchas veces y de varias maneras habló a nuestros antepasados en otras épocas

89

por medio de los profetas, en estos días finales nos ha hablado por medio de su Hijo» (NVI).

La llegada de Jesús al mundo fue el megáfono de la voz de Dios, y ahora lo podemos escuchar más que nunca y más claramente. Y la vida y las palabras de Jesús están registradas en la Biblia. Podemos leer los Evangelios y recordar cada una de Sus palabras, pero a la vez, y de manera más gloriosa, por la obra de la cruz hoy podemos vivir algo que todas las personas en el Antiguo Testamento fueron incapaces de experimentar, y es la vida misma de Cristo y Su voz habitando y hablando en nuestro interior.

Mas esta gloriosa realidad que ahora podemos vivir se ganó por un alto, muy alto costo. Nuestro pecado era el silenciador máximo de nuestra capacidad de escuchar la voz de Dios, y Jesús vino a tratar con ello, pero no sin gran sufrimiento de por medio, lo cual vemos reflejado en un clamor que Jesús emite desde la cruz del Calvario: «Dios mío, Dios mío, ¿Por qué me has desamparado?» (Mar. 15:34, RVR1960).

El Justo e Inocente llevó sobre sí todo nuestro pecado; se hizo pecado (ver 2 Cor. 5:21) en la cruz, y experimentó la consecuencia de ello: el silencio del Padre. El dolor que debe haber experimentado de los clavos en Sus manos y pies debe haber sido impresionante, al igual que el dolor del rechazo de Su pueblo, el abandono de Sus discípulos, los latigazos que recibió por los romanos. Pero, ¿sabes? Creo que ningún dolor se compara a que, ante Su clamor, el Padre guardó silencio.

Sin embargo, Jesús decidió voluntariamente atravesar esto: la cruz y la prueba, el desierto de la soledad y el silencio de Dios, para que el versículo de Hebreos que leímos se volviera nuestra realidad constante, y para que tú y yo nunca más tengamos que atravesar el silencio de Dios; para que, no importa lo que hagas o dónde estés, siempre haya una palabra de Su parte para ti.

Si Jesús por gracia pagó el precio por mi pecado, me limpió con Su sangre, me dio Su vida a través de Su Espíritu Santo para tener una relación íntima y constante conmigo, ¿por qué decidiría dejar de hablarme? Si ya hizo hasta lo imposible por acercarme a sí mismo, ¿por qué creer que de ese corazón nacería la idea de no hablarme por una temporada de mi vida?

En todo desierto físico al que Dios guio a Su pueblo en la antigüedad, Él se mantuvo en comunicación con ellos. No dejó de hablarle a Abraham en su viaje por el desierto, ni al pueblo de Israel, ni a David, ni a Elías. Entonces, a ti, Su hijo, que ahora tienes a Su Espíritu Santo morando en tu interior, ¿crees que dejará de hablarte? Él se deleita en sustentar a los suyos en medio del terreno más árido y escaso, a través del pan de Sus palabras.

Así que, pensar que Dios deja de hablarme no tiene congruencia con Su manera de actuar y la obra de la cruz. Más bien, creo que mi experiencia de días o temporadas de silencio no es un tema de una decisión de Dios, sino del cúmulo de decisiones cotidianas mías. ¿A qué me refiero con esto? Creo que, para aquellos que estamos ya en Cristo, sentirnos desconectados de Su Palabra y de Su voz tiene completamente que ver con el ritmo de vida que estamos llevando. En medio de un mundo de constantes distracciones y ruido potente para nuestra alma, nuestro espíritu puede dejar de tener oídos para escuchar Su voz. En medio de las miles de voces a nuestro alrededor, de nuestro celular que constantemente nos bombardea con información, vamos perdiendo la disciplina de guardar silencio y atender el susurro de la voz del Espíritu en nuestro interior.

Esta es una realidad: el mundo grita; Dios susurra. Mas un solo susurro de la voz de Dios puede estremecer y transformar todo lo que miles de gritos del mundo jamás podrán. ¿Te ha tocado vivir eso? Es glorioso. Y si llevas tiempo sin escuchar la voz de Dios, quiero decirte que Él anhela que lo escuches. Él va a hablarte, no tienes que hacer obras buenas para merecer eso. Lo único que tienes que hacer para salir del desierto en el que te sientes desconectado de la voz de Dios es PAUSAR. Y no solo una vez, sino hacerlo parte de tu día: pausar, silenciar el mundo y escuchar la voz del cielo en ti.

Es solo Su gloriosa voz la que hace que cualquier desierto de prueba que estés atravesando se vuelva un oasis de renuevo. Es Su Palabra la que hace que, sin importar lo temporal que te esté faltando, experimentes una llenura eterna desde adentro. Así que no dejes de detener tu ritmo de vida y los sonidos a tu alrededor, porque la voz de Dios que creó el cielo y la tierra en la que caminamos tiene tanto para hablar, crear, formar y transformar desde tu interior con una palabra, si tan solo aprendes a escuchar día tras día.

Para meditar:

¿Que tan común es para ti escuchar la voz de Dios hablándote de manera personal? ¿Te resulta difícil recibir una palabra de revelación de Dios sin que alguien más te la dé? ¿Qué puedes hacer para cambiar esto?

_____

_____

_____

_____

_____

Para aplicar:

Una de las herramientas que más he disfrutado para exponerme a escuchar la voz de Dios es siempre tener una libreta especial. Suena simple, pero me ha ayudado a concentrarme. En fe, comienzo a anotar versículos que resuenan en mi espíritu al leer, ideas que vienen a mi mente al orar; incluso muchas veces escribo mis oraciones y termino redactando respuestas que siento de Dios a ellas. Escoge una buena libreta, apártala y tenla siempre cerca. Al elegirla, de manera simbólica, pídele a Dios que Él la llene con Su palabra y Su revelación.

Usa este espacio para tus notas...

«En medio de mi angustia invoqué al Señor;
el Señor me respondió y me puso en un lugar
espacioso».

Salmo 118:5 (NBLA)

12

El elevador

¿En algún momento has tenido la sensación de sentirte atrapado? ¿Has sentido momentos en los que tu corazón va más rápido de lo que crees que debería, y sientes que te falta el aire? David, el salmista, lo experimentó, y ante ello escribió lo siguiente: «En medio de mi angustia invoqué al Señor; el Señor me respondió y me puso en un lugar espacioso» (Sal. 118:5, NBLA).

Me parece muy interesante que la palabra *angustia* y la palabra *angosto* provengan de la misma raíz latina: *angustus*. Están tan relacionadas la una con la otra. Al pensar en esta conexión, me acordé de un momento en mi adolescencia, cuando durante un viaje con mis amigas, dentro del edificio donde nos hospedábamos, nos quedamos atoradas en el elevador. Al comienzo, como buenas adolescentes, lo tomamos como un juego; nos reímos y nos tomamos fotos con una cámara, pero empezó a pasar el tiempo y me acuerdo que comenzamos a sentir que el aire nos faltaba, así que empezamos a gritar a ver si alguien nos escuchaba. Recuerdo sentir como si las paredes de ese elevador se estuvieran achicando y que ese lugar cada vez parecía más angosto... el tiempo pasaba y la angustia se hacía más fuerte y real. Comenzamos a preguntarnos: «¿Quién nos va a encontrar? ¿Qué va a pasar con nosotras esta noche? ¿Quién nos va a escuchar?».

Hasta que, gracias a Dios, mi mamá, que había estado buscándonos, escuchó nuestros gritos y logró identificar en dónde estábamos (el elevador quedó atorado entre un piso y otro). Tuvieron que llamar a los bomberos para que nos sacaran de ahí.

Fue toda una experiencia. Pero no tuve que volver a quedarme atorada en un elevador para experimentar una angustia similar a la de aquel día. Muchas veces, ese lugar angosto se puede hacer real en nuestras mentes, debido a las circunstancias, los problemas, las muchas cosas que suceden a nuestro alrededor y las preocupaciones, que son expertas en quitarnos espacio en nuestro interior, llevándonos a experimentar verdadera angustia. La pregunta es: ¿qué hacer en esos momentos?

Primero que nada, he aprendido la importancia de reconocer nuestro estado, no negar la realidad de que nuestra alma está experimentando angustia. Me consuela cómo en un momento, cuando los discípulos de Jesús estaban experimentando angustia, Él no les dijo: «No se angustien», sino: «No dejen que el corazón se les llene de angustia; confíen en Dios y confíen también en mí» (Juan 14:1).

La angustia es real. Dios sabe que la experimentaremos, pero el punto es identificarla para no permitir que nos llene por completo. Así que, cuando comiences a experimentarla, detente de manera física, mental y emocional un momento y date cuenta de que está ahí. La angustia puede manifestarse de formas diferentes en cada uno; te animo a ir identificando cómo se manifiesta en tu caso, para ser más pronto en parar y hacer algo realmente útil al respecto.

Segundo, una vez reconocida tu angustia, es importante tener la humildad para pedir ayuda. Recuerdo que mis amigas y yo intentamos abrir ese elevador, sin éxito, y recién cuando se nos acabaron las fuerzas y las estrategias, comenzamos a gritar. No necesitamos agotar nuestras fuerzas con estrategias humanas cuando podemos clamar al Dios que nos escucha y responde de manera milagrosa.

David, en medio de su angustia y de una guerra, rodeado por sus enemigos y en constante peligro, clamó al Señor. ¿Cuál fue la respuesta del Señor? David dice: «En medio de mi angustia invoqué al SEÑOR; el SEÑOR me respondió y me puso en un lugar espacioso» (Sal. 118:5, NBLA).

Dios no cambió en sí el lugar en donde David estaba, no se lo mejoró, sino que lo movió completamente de lugar, a un lugar espacioso, contrario a uno angosto y angustiante.

Difícilmente Dios te va a teletransportar de ese trabajo que te causa angustia, de tu escuela, de tu casa, y dejarte en un campo lleno de flores, donde el sol te abrace y te sientas con todo el espacio para correr y bailar (aunque a veces lo quisiéramos). Pero Dios sí puede y quiere llevarte a un lugar espacioso, mejor que cualquier lugar físico, donde tu corazón encuentre descanso aun en medio de las circunstancias, y ese lugar tiene nombre: Cristo Jesús. No hay lugar más pleno, espacioso, lleno de gozo y de paz en esta tierra, y el lugar de Cristo no se limita a uno físico, sino que no importa en dónde te encuentres físicamente en este mundo, puedes estar en Él espiritualmente. Y eso impacta directamente la condición de tu alma y de tu físico también.

Cuando clamamos a Dios, Él viene y abre las puertas de nuestro encierro angustioso para dejar que nuestra mente, nuestro corazón y nuestro espíritu corran a la persona y a la obra de Cristo, a la inmensidad de Sus promesas, al descanso de Su victoria, al deleite de Su amor.

David continúa testificando sobre lo que es estar en este lugar espacioso de una manera hermosa:

El Señor está a mi favor; no temeré.
¿Qué puede hacerme el hombre?
El Señor está por mí entre los que me ayudan;
por tanto, miraré triunfante sobre los que me aborrecen.
Es mejor refugiarse en el Señor
que confiar en el hombre.
Es mejor refugiarse en el Señor
que confiar en príncipes. (Sal. 118:6-9, NBLA)

Quiero animarte a que, día a día, cuando vengan estas situaciones que empiezan a hacerte sentir como que las paredes a tu alrededor se están achicando y te sientes angustiado, seas rápido para clamar al Señor. No hace falta que sea una larga oración, sino sincera y con fe. Puede ser en cuestión de segundos en tu mente: «Dios, ayúdame. Te necesito. Lleva mi mente y mis preocupaciones a ti. Lleva mi mente y mi corazón a Cristo».

PARA MEDITAR:

¿Cuáles son las situaciones que más pueden llevarte a sentir angustia en tu día? ¿Qué puedes hacer cuando estas se presentan?

PARA APLICAR:

En el espacio de más abajo, anota un versículo para cada situación que hayas pensado que suele provocarte angustia, y que contrarreste los pensamientos de estrés y te transporte a la amplitud que Cristo provee.

Usa este espacio para tus notas...

«Si las riquezas aumentan, no pongan el corazón en ellas».

Salmo 62:10 (NBLA)

13

El tesoro

Una mañana de octubre en 2021, mi esposo y yo nos levantamos con una noticia que no esperábamos recibir: unos amigos nos escribieron felicitándonos porque nuestro último álbum musical había sido nominado a los Latin Grammys. Hacía solo unos meses acabábamos de tener a nuestro primer hijo, y estábamos completamente inmersos en el mundo nuevo, increíble y retador de ser papás, por lo que esta noticia relacionada a nuestro tema laboral, que habíamos pausado por meses, realmente nos llegó de sorpresa.

Pero, sinceramente, junto a la emoción de esta nominación, empezaron a llegar también pensamientos de orgullo y de ambición por lo que podía representar ese premio para nosotros. Empecé a desear algo que anteriormente no había deseado, y me encontraba recurrentemente divagando en el pensamiento de ganar ese premio. En medio de esa mezcla de sentimientos y pensamientos que solo Dios y yo conocíamos, en un tiempo de meditación, Él me guio a un salmo al que no había prestado atención anteriormente: «Si las riquezas aumentan, no pongan el corazón en ellas» (Sal. 62:10, NBLA).

Lo primero que entendí es que Dios no está en contra de las riquezas en sí, ni de las temporadas de abundancia, pero sí hay algo de lo que está en contra: no quiere que tú y yo pongamos nuestro corazón en estas cosas.

Este salmo lo escribe el rey David. Al leer su historia, sabemos que no nació en una familia real, no siempre fue rey. Él era un pastor, una persona que vivió por años en una situación de escasez, no solamente económica, sino también de atención; no era muy popular, no tenía poder. Pero vemos cómo, con todo eso, era un joven pleno y fiel a Dios y a sus pocas ovejas. Era pobre en lo natural, pero sumamente rico en lo espiritual, porque tenía una relación profunda con Dios.

Dios amó ese corazón y carácter de David cuando era joven, y decidió llevarlo, después de años de largos procesos de prueba, a ser el rey sobre Su pueblo Israel, en donde no solamente obtuvo riqueza económica, sino también riqueza en poder, en autoridad, en popularidad, en fama, en conocimientos, y en todo lo que durante muchos años no tuvo en absoluto.

Y estudiando su vida, te puedes dar cuenta de que la temporada en la que David más batalló en mantener su corazón fiel a Dios y a Su Palabra no fue la temporada de escasez, no fue en el campo con las ovejas, sino que fue en el palacio, en la época de riquezas temporales.

Consciente de ello, David escribe lo que aprendió de sus fracasos en el Salmo 62:10, que leímos anteriormente, en el que, en mis palabras, nos dice: «¡Ey! Cuando lleguen las riquezas, como sea que estas se vean, no pongas tu mente, tu seguridad y tu gloria en ellas». Fácilmente podemos concluir que las riquezas no son el problema (si no, se solucionaría al no tenerlas); el problema es más profundo que algo externo a nosotros. El problema está en nuestro corazón, que tiene una tendencia a ser atraído a las riquezas de este mundo, llevándonos por consecuencia a quitar nuestra mirada de Dios.

Por este motivo, la respuesta no está en encerrarte y hacerte inalcanzable para cualquier tipo de riqueza temporal que pueda venir, sino que está en ser conscientes de nuestra naturaleza y aprender a examinar nuestro corazón durante cada temporada, especialmente en temporadas donde no hay escasez.

Y por eso es que hoy traigo tres preguntas que puedes utilizar junto conmigo para examinar el estado de tu corazón, tanto hoy como en el futuro. La primera está conformada en realidad por una serie de preguntas: ¿Qué te produce hoy más gozo y placer? ¿En dónde estás buscando tu gozo? ¿En dónde estás buscando tu satisfacción? ¿Cuál es esa fuente adonde quieres ir para experimentar esto? Porque si no es Dios —en Su Palabra, la oración, la vida en el Espíritu o la convivencia con otros creyentes—, quiero darte la noticia anticipada de que eso que vino a tu mente nunca va a ser suficiente. Ninguna riqueza terrenal va a tener la capacidad de darte un gozo perpetuo. Te puede dar alegrías momentáneas, pero siempre te va a dejar con necesidad. El único tesoro que puede satisfacer tu corazón es la riqueza de la persona de Dios.

La segunda pregunta es: ¿Qué me está dando sentido de seguridad y de esperanza? Cuando meditaba en esto, me acordé de un momento en mi adolescencia en el que fui a una feria en donde había distintos juegos mecánicos. Junto con mis amigas, vimos uno que se veía intenso, y yo desde niña disfruto este tipo de experiencias, así que, aunque el juego se veía algo viejo, decidimos subirnos y meternos a una de las cápsulas que en cuestión de minutos comenzaría a dar vueltas en 360 grados. Y de repente, justo cuando estábamos más arriba, y boca abajo, ¡el juego dejó de funcionar! Nos quedamos ahí atoradas, y lo único que nos protegía de que nuestra cabeza golpeara contra la cápsula era un fierro que se atravesaba entre nosotras. Recuerdo que, en ese momento, me aferré a ese fierro como no lo había hecho antes. ¿Acaso crees que, en ese momento, abracé a mis amigas o me puse a mirar mis últimos mensajes en el celular? ¡Para nada! Pensé: «No me importa nada más que estar bien agarrada de este metal, porque de esto siento que depende mi vida».

Volviendo a la pregunta y a la luz de esta historia, pensaba: ¿A qué me estoy aferrando así? A veces, nos aferramos de esa forma a tantas cosas temporales, pensando que nuestra vida depende de ellas: algunos a una cuenta de ahorros, otros a una cuenta de Instagram o TikTok, a una relación, un puesto laboral, un talento personal o muchas otras cosas. Todos tenemos una tendencia a aferrarnos a cosas de este mundo, pensando que ahí se encuentra la seguridad de nuestra vida, cuando realmente estamos confiando en cosas pasajeras que un día pueden dejar de estar, y nos perdemos el descanso que trae aferrarnos al único que permanece para siempre.

Me impacta continuar con este salmo y ver cómo David entendió que Dios era el único que permanecía por siempre, sin importar las cosas que vinieran o se fueran en su vida; y es por eso que en el versículo 6 confiesa lo siguiente: «Solo Él es mi roca y mi salvación, mi refugio, nunca seré sacudido» (NBLA). Y después, dice: «En Dios descansan mi salvación y mi gloria» (Sal. 62:7, NBLA).

David entendió que Dios era la única fuente eterna de seguridad, Él era su roca y su esperanza. Pero luego, también dice: «Él es mi gloria». Y esta es la tercera pregunta que nos quiero hacer: ¿En qué nos enorgullecemos? ¿En dónde buscamos nuestro valor e identidad?

Me encanta leer lo que escribe el apóstol Pablo: «En cuanto a mí, que nunca me jacte de otra cosa que no sea la cruz de nuestro Señor Jesucristo. Debido a esa cruz, mi interés por este mundo fue crucificado y el interés del mundo por mí también ha muerto» (Gál. 6:14). Solo una persona que ha crucificado su tendencia natural a las cosas del mundo tendrá la capacidad de vivir gloriándose únicamente en Cristo y la obra de la cruz.

Regresando a nuestra experiencia con la nominación al Grammy, me acuerdo que unas semanas después de la noticia, en una entrevista, alguien nos preguntó: «¿Cómo creen que su vida va a cambiar si ganan este premio?». Y me acuerdo que recordé otra vez aquel versículo, y mi respuesta fue: «Oro para que, si sucede, nada cambie. Porque estoy convencida de que no hay nada que pueda ganar en este mundo que me pueda hacer más plena de lo que ya soy al tener a Cristo y haber sido ganada por Él». No importa lo que este mundo nos pueda llegar a ofrecer, cuando somos hijos de Dios, ya lo tenemos todo y no hace falta nada más. Él es nuestra bendición, todo lo demás es añadidura. Y esa verdad necesitamos recordarle constantemente a nuestra alma, que suele ser algo olvidadiza y fácilmente deslumbrada por luces de este mundo. El Espíritu quiere llevarte a vivir realmente creyendo que Cristo es tu riqueza, tu seguridad eterna y tu gloria para siempre.

Hace poco, mi esposo compartió con la iglesia una pregunta que nos dejó pasmados, al meditar: ¿cómo sería tu vida si realmente creyeras y vivieras conforme a toda la riqueza que tienes al ser hijo de Dios y tener a Cristo morando en ti?

El incremento de esta revelación en nuestro espíritu nos va haciendo, cada vez más, inconmovibles en nuestra fidelidad a

Dios ante los tesoros que en este mundo pueda haber. Nos hace imposibles de comprar para el sistema del mundo, por que estamos completamente capturados y vendidos a la riqueza y plenitud de la persona de Cristo que habita en nosotros. Cuanto más descubras el inmenso tesoro de Cristo, menor será tu deseo por cualquier otro tesorito pasajero en la tierra.

Finalmente, vuelvo a resaltar que Dios no está peleado con todos los recursos naturales que puede haber en esta tierra. Él es el dueño del oro, de la plata, de toda la riqueza que el universo puede tener y que tú y yo y cualquier humano será por siempre incapaz de contar y ver, y ese Dios es nuestro Padre. Yo creo que Dios te puede confiar riquezas temporales, pero solo cuando estés tan pleno en las eternas que no necesites las temporales para sentirte alguien. Porque solo una persona plena en Cristo podrá glorificar a Dios con cualquier riqueza que Él ponga en sus manos, no aferrándose y perdiéndose en ellas, sino reconociendo que se le han confiado con un propósito de reino.

Estoy convencida de que Dios quiere confiar riquezas a Su iglesia para el avance del reino, pero no hasta que Su iglesia esté cautiva por la riqueza más grande y superior que ya posee. Así que, no busques la riqueza de este mundo, busca solo ser fiel al Señor y descubrir Su riqueza, y si en el camino llegan las riquezas temporales, mantén tu corazón en Cristo y tus manos abiertas para que todo lo que Él ponga ahí esté siempre disponible para la expansión de Su reino y para la alabanza de Su nombre.

PARA MEDITAR:

Si no lo hiciste ya, toma un tiempo para meditar intencionalmente sobre las preguntas que se encuentran en este capítulo.

_____

_____

_____

PARA APLICAR:

En una libreta o en el espacio a continuación, redacta cuáles suelen ser los tesoros de este mundo que más tienden a deslumbrarte y a buscar la atención de tu corazón. Después, háblalo con la persona más cercana a ti con quien compartes tu fe y quien pueda preguntarte en distintas etapas y en referencia a este tema: ¿Dónde está tu corazón?

Usa este espacio para tus notas...

«Pues somos la obra maestra de Dios. Él nos creó de nuevo en Cristo Jesús, a fin de que hagamos las cosas buenas que preparó para nosotros tiempo atrás».

Efesios 2:10

14

La fiesta

En la escuela donde estudié la primaria y la secundaria, cada año se hacía una gran fiesta por el día del amor y la amistad. Era un día único porque no había clases, podías ir con cualquier vestimenta, había muchísima comida, música, inflables, y bueno, los muy tradicionales y mexicanos «casamientos de juego».

Todos esperaban ese día menos yo. Porque para mí, ese día significaba ver cómo a otras amigas los niños les daban chocolates, flores, peluches y cartitas, y a mí no. O ver cómo otras amigas tenían sus anillos porque se habían «casado» y a mí no me tocaba acompañarlas a su celebración de diez minutos. Pero me acuerdo que en una ocasión, en una de esas fiestas, un niño se acercó y me preguntó si me quería casar con él. Te imaginarás mi emoción, y la ilusión que me llevó a rápidamente decirle que sí.

Entonces, ahí estábamos en el pequeño altar que habían hecho, y en el momento de la ceremonia en donde llega la entrega del anillo, ¿adivina qué sucedió? Este niño agarró su anillo y ¡salió corriendo! Me dejó ahí sola y confundida en el altar. A las pocas horas, me enteré de que ese niño, junto con otro compañero, solo estaba haciendo una competencia para ver quién lograba conseguir más anillos durante el día, y yo fui una de las primeras en ayudarlo. En fin, después de eso, llegué a casa y le dije a mi mamá: «No quiero ir nunca más a ese festejo». Prefería quedarme en mi casa.

Es una historia graciosa, pero puedes relacionarla de cierta manera con algo que estés atravesando. Cada año, cuando se acerca el mes de febrero, empiezas a escuchar música romántica, a ver decoración de corazones rojos por todos lados, y en tu mente, aparecen con mayor frecuencia pensamientos como: «Me voy a quedar solo, estoy triste siendo soltero, nadie me quiere».

Pero hoy quiero decirte una verdad que aprendí después de años de soltería: Si vives enfocado en lo que no tienes, te vas perder lo que sí tienes. Hoy, si eres soltero, estás en una etapa única en tu vida, una etapa de tanto aprendizaje, libertad y oportunidades para crecer como persona. La pregunta es: ¿la estás disfrutando?

El matrimonio es un tiempo hermoso, mas la soltería tiene su propia fiesta. ¡Cómo quisiera decirle a mi yo de soltera: «Oye, celebra más, compárate menos. Haz más, distráete menos con noviazgos fuera de tiempo, o deja de preocuparte y disfruta más esta etapa, que Dios tiene todo el control y el tiempo perfecto para la siguiente». Creo que de lo que más me arrepiento de mis años de adolescente y joven es desperdiciar tiempo precioso que no regresa, por estar buscando adelantar una etapa que al final iba a llegar. No vivo lamentándome, pero si tengo una oportunidad de comunicarme con solteros, siempre les digo: APROVECHA.

Y la verdad es que la clave para poder disfrutar estos días es encontrar tu gozo y tu satisfacción en Dios y en todo lo que ya te ha dado. La felicidad no va llegar vestida de novio o de novia; la felicidad tiene un nombre y es Jesús, y tú necesitas no solo conocerlo, sino enamorarte de Él, porque no hay enamoramiento ni amor más profundo que el que una persona puede experimentar con Dios.

Así que deja de caminar mirando hacia los costados para ver con quién te comparas o notar la primera oportunidad de noviazgo que llega y decirle que sí. Deja de enfocarte en lo que está atrás, en aquella relación que no funcionó, porque este caminar solo se disfruta cuando vamos hacia delante. Deja de preocuparte; más bien, ocúpate de descubrir y experimentar el llamado que Dios tiene para ti hoy, de explotar todo ese potencial que Dios ya ha puesto en ti para soñar, para escribir, para crear, para hacer realidad las cosas que aún no suceden. Enfócate en disfrutar a Dios, a quienes te ha dado a tu alrededor y en vivir esas obras hermosas que Él tiene preparadas para ti, porque te ama. «Pues somos la obra maestra de Dios. Él nos creó de nuevo en Cristo

Jesús, a fin de que hagamos las cosas buenas que preparó para nosotros tiempo atrás» (Ef. 2:10).

No caigas en mi error de aquella época, no te quedes amargado en tu casa esperando que el tiempo pase y seas mayor. Sal, diviértete, súbete a los inflables, rodéate de amigos que te impulsen a crecer como persona en Cristo, crea muchos recuerdos y entrégate en amor y servicio a Dios y a otras personas que te necesitan.

Recuerda lo que dice Eclesiastés 3:1: «En este mundo todo tiene su hora; hay un momento para todo cuanto ocurre» (Ecl. 3:1, DHH).

Y mientras avanzas, llegará ese momento en el que el mismo Dios que te llenó de gozo, de satisfacción y de propósito, habrá provisto una persona ideal con quien seguir disfrutando y caminando hacia el futuro que Él tiene. Descansa en la verdad de que tienes un Dios Padre bueno, que tiene lo mejor para ti y te lo dará a Su tiempo. Y mientras tanto, disfruta esta etapa, porque es única y no regresa.

PARA MEDITAR:

¿Qué espera encontrar tu corazón en un noviazgo? ¿Puedes creer que una relación profunda con Cristo durante tu soltería puede superar esas expectativas?

_____

_____

_____

_____

_____

_____

PARA APLICAR:

Es común que, cuando somos solteros, hagamos una lista (física o mental) de lo que esperamos en una futura pareja, con el propósito de buscar a la persona que pueda cumplirla. Pero hoy, quiero invitarte a hacer una lista de lo que quisieras y pudieras lograr en tu vida como soltero. Te invito a que, antes de hacerla en una libreta, o al final del capítulo, dediques un tiempo para orar. Nuestro corazón puede tener buenos deseos, pero el corazón de Dios siempre tendrá los mejores.

Usa este espacio para tus notas...

«La mujer vio que el fruto del árbol era bueno para comer, y que era atractivo a la vista y era deseable para adquirir sabiduría; así que tomó de su fruto y comió. Luego dio a su esposo, que estaba con ella, y él también comió. En ese momento los ojos de ambos fueron abiertos y tomaron conciencia de su desnudez. Por eso, para cubrirse entretejieron hojas de higuera».

Génesis 3:6–7 (NVI)

El protagonista

Últimamente, descubrí un nuevo pasatiempo: leer novelas románticas. Durante vuelos largos, es algo que he disfrutado mucho. Y de las varias que he leído al día de hoy, no me ha tocado una sola en la cual el protagonista aparezca recién hacia el final del relato. Si fuera así, probablemente no sería el protagonista ¿cierto?

Por mucho tiempo, me acerqué a leer la Biblia con cierto sesgo hacia en Antiguo Testamento, a diferencia del Nuevo. Buscando conocer a Jesús, por muchos años me enfoqué en leer solamente los Evangelios y las cartas del Nuevo Testamento, porque sentía que recién en ese momento Él aparece realmente. Pero, volviendo al ejemplo anterior, ¿qué protagonista aparece en la historia hacia el final? La Biblia narra una gran historia, conformada por muchas pequeñas. Esta gloriosa historia del plan de redención de Dios cuenta con un personaje protagónico, y lamento decirte que no eres tú; es Cristo Jesús. Y como buen protagonista, Él no aparece en Su historia después de la mitad o hacia el final; está desde el principio y hasta el final. Y podrías decir: «Pero ¿cómo, Majo? Si cuando leo, no veo nombrar a Jesús hasta el Evangelio de Mateo». Y sí, aun cuando Jesús recién aparece en forma humana en los Evangelios, Él está presente desde el principio y lo podemos conocer y ver a través de los tipos y las sombras. Y esto es algo sumamente profundo e importante de entender.

Una sombra es una evidencia clara de que hay una persona, o un cuerpo o algo que está recibiendo la luz, ¿cierto? Sería raro que nada más vieras una sombra pero no vieras qué la está provocando. Por otro lado, una sombra siempre va a ser fiel a su persona o a su objeto, siempre va a expresar su forma y cómo es. Tu sombra refleja cómo eres físicamente. Y así es como vemos sombras de Jesús a lo largo de la Biblia; las vemos a través de personajes, de momentos, de lugares, de animales y de cosas que revelan a Aquel que un día vendría al mundo en forma corporal.

Te voy a dar un ejemplo. En Génesis 3, Adán y Eva ya han desobedecido a Dios, el pecado ha entrado en sus vidas, en sus corazones, y ellos sienten vergüenza ante esto y quieren cubrir su desnudez. ¿Recuerdas este momento? Entonces, empiezan tanto a esconderse de Dios como a buscar cubrir su desnudez con hojas que hallan a su alrededor. Dios los encuentra en esta condición de vergüenza y actúa de manera muy específica y particular: va y mata un animal por cada uno de ellos. ¿Para qué? Para poder cubrir con su piel la desnudez del ser humano que experimentaba vergüenza como consecuencia de su desobediencia.

Y en este animal inocente, que derramó su sangre para cubrir el error de Adán y de Eva, vemos una de las primeras sombras de Cristo, el Cordero perfecto que no cometió mal alguno, pero el cual el Padre entregó para que fuera el sacrificio perfecto que derramaría Su sangre y vida para cubrir nuestra desnudez, nuestro pecado y nuestro error. Dice la Palabra, en Romanos 13:14 y Gálatas 3:27, que ahora podemos ser revestidos de Cristo. Y esta es una de las muchísimas sombras de Jesús y Su obra que puedes encontrar en la Biblia.

Por mencionar algunos ejemplos más, la roca en el desierto que Dios usa para dar agua al pueblo de Israel es una muestra de Jesús como nuestra provisión de agua de vida en medio de un mundo donde nada más puede saciar nuestra sed. La roca fue golpeada en el desierto, y el agua fluyó, así como Cristo fue golpeado en el madero, y Su vida eterna fluyó para llenar a todo el que cree. Cuando José fue vendido por sus hermanos, arrojado a un agujero, llevado como esclavo para después ser levantado como autoridad para traer salvación a su pueblo, esto nos recuerda la obra que Jesús vendría a hacer en este mundo, donde, al tomar forma de siervo (ver Fil. 2:6-11), y entregarse en obediencia al sufrimiento y a la muerte, el Padre le dio el nombre que está sobre todo nombre. Cuando David derrota a Goliat, podemos relacionarlo con la victoria de Cristo sobre la muerte y el diablo por nosotros, que estábamos como los demás guerreros, aterrados e incapaces de hacer algo al respecto. El maná, el pan que caía del cielo para alimentar a Israel en el desierto, apuntaba a que un día, el Pan que nos saciaría eternamente vendría del cielo a la tierra. El templo, el tabernáculo, las celebraciones, el arca del pacto... no bastaría un libro para mencionar y reflexionar en los muchísimos ejemplos que nos llevan a encontrar a Cristo en el Antiguo Testamento.

Y antes de ir a la cruz, Jesús siguió revelando más sombras del sacrificio que estaba por hacer, de Su reino, de Su iglesia a través de tantas de Sus enseñanzas, de Sus parábolas. Él es la perla de gran precio por la que vale la pena darlo todo; Él es el novio que vuelve, es la semilla que viene a plantarse en corazones fértiles para dar gran fruto. Mi corazón y espíritu se emocionan al recordar tantos momentos en los que he podido verlo escondido, y a la vez lo he descubierto a través de la Escritura, y me llena de expectativa saber que hay tantos lugares más en donde aún Su Espíritu me llevará a encontrarlo.

Cristo es el plan de Dios desde antes de nuestro principio. Es el hilo conductor de toda esta Palabra. Es la vida, y tú puedes encontrarlo y conocerlo al acercarte dependiente de Su Espíritu a la Palabra. Yo dejé de estudiar la Biblia por el simple hecho de estudiar la Biblia, dejé de leer la Biblia por adquirir conocimiento y empecé a acercarme a ella para conocer a Cristo. Ya no estudio la Biblia; estudio a Cristo: Cristo en Génesis, Cristo en Éxodo, Cristo en Levítico, porque Él es la verdadera vida a la que este compendio de libros apunta. Y a veces, cuando nos enfocamos mucho solamente en la letra y en las palabras de esta biblioteca (de ahí viene la palabra «Biblia»), podemos perdernos a lo que ella apunta, que es la persona de Jesús. De hecho, Jesús mismo les dijo eso a los religiosos de Su tiempo. En Juan 5:39 declaró: «Ustedes estudian las Escrituras a fondo porque piensan que ellas les dan vida eterna. ¡Pero las Escrituras me señalan a mí!».

Así que te quiero invitar a que empieces a buscar a Cristo en las páginas de tu Biblia, en esas historias del Antiguo Testamento que tal vez has leído y conocido por años, desde que estabas en la escuela dominical, pero que ahora le pidas al Espíritu Santo, que vive en ti, que abra tus ojos y te revele a Cristo y Su obra y Su gran plan a lo largo de ellas. Y yo sé que va a cambiar tu expectativa, sé que vas a empezar a experimentar una sed nueva como la que yo experimenté y sigo experimentando. Oro para que este capítulo solo sea un despertador para ver a Cristo en toda la Escritura y una vida de emoción constante al verlo desde el principio y hasta el fin.

PARA MEDITAR:

¿Cuál es tu actitud al acercarte a leer el Antiguo Testamento? ¿Sueles hacerlo? ¿Qué impacto tiene saber que puedes encontrar a Cristo de principio a fin en la Biblia?

PARA APLICAR:

En este capítulo, presenté solo algunos de los ejemplos de los tipos, sombras y apuntadores de Jesús en el Antiguo Testamento. Te invito a que en una libreta, o en el espacio al final de este capítulo, anotes cómo es que la historia de alguno de los siguientes personajes y sucesos apunta a Cristo y Su obra redentora:

- Abraham e Isaac (Gén. 22)
- El arca de Noé (Gén. 7)
- Jacob y el ángel del Señor (Gén. 32:22-30)

Usa este espacio para tus notas...

«Pero un samaritano que iba de viaje llegó a donde estaba el hombre y viéndolo, se compadeció de él. Se acercó, le curó las heridas con vino y aceite, y se las vendó. Luego lo montó sobre su propia cabalgadura, lo llevó a un alojamiento y lo cuidó».

Lucas 10:33–34 (NVI)

La carrera

Desde que nos casamos, mi esposo y yo comenzamos a hacer música juntos. Elegimos el nombre más sencillo para nuestro dúo: Majo y Dan (así de simple, nuestros apodos juntos). Algo que disfruto muchísimo de hacer música es que nos permite comunicar procesos y revelaciones de una manera sumamente efectiva. Seguramente olvidarás muchas de las palabras que lees en este libro, o algún mensaje hablado que escuches, pero una canción tiene la capacidad de quedarse por siempre en tu cabeza.

En 2021, lanzamos una canción llamada «La carrera». Al día de hoy, es una de las más escuchadas. En ella, plasmé una de las verdades más liberadoras que Dios me ha hablado en medio de mi comúnmente ajetreada vida. Mi parte favorita se encuentra en el coro, donde dice: «La carrera de la fe no es la que trata de velocidad. Es aquel que se detiene por alguien más que podrá avanzar». Para el mundo en el que vivimos, esta realidad es una locura. Aquí difícilmente alguien se va a detener por alguien más.

En México, hay frases muy conocidas. Una de ellas dice: «Los de adelante corren mucho y los de atrás se quedarán», y otra es: «El que no transa, no avanza». Lo que estas frases quieren decir es que no te detengas por nadie, porque entonces tú dejas de avanzar. Tú sigue avanzando, eso es lo importante.

Y al leer la Palabra y conocer a Dios, nos damos cuenta de que las cosas en la carrera de la fe en la que estamos con Cristo, en el establecimiento de Su reino, son muy diferentes. Jesús, mientras estuvo aquí en la tierra, dio una parábola que lo ejemplifica de una manera muy especial. Un día, estaba compartiendo con un grupo de personas y empezó a narrar una historia sobre un hombre que iba camino a Jericó. Mientras se dirigía allí, se encontró con una situación muy difícil, porque fue atacado por ladrones, y estos ladrones lo dejaron golpeado, tirado, despojado de sus posesiones y prácticamente muerto en el camino.

Entonces, Jesús nos dice que, mientras este hombre estaba ahí tirado en el camino, un sacerdote pasó, y solamente miró al hombre herido, lo esquivó y siguió andando. Y luego, más adelante, pasó un levita, otro líder religioso y, sorprendentemente, este hombre también miró de reojo al hombre tirado en el camino y decidió hacerse a un lado, ignorarlo y continuar su camino, desviándose de este hombre en necesidad (ver Luc. 10:30-37).

Seguramente, ambos iban al mismo lugar: al templo, a buscar a Dios, y no les parecía una prioridad acercarse a este hombre. Tal vez para evitar estar ceremonialmente impuros al tocar a un hombre que parecía estar muerto, dijeron: «Mi prioridad es llegar puro al templo».

Pero luego, vemos que llega otro hombre, samaritano; ni siquiera era judío. Y este hombre llega y cuando ve a esta persona tirada en el camino, dice la Biblia que siente compasión por él y se detiene. Y no solo se detiene rápidamente a preguntar: «¿Cómo estás? ¿Todo bien? ¿Sí? Bueno, ya me voy porque tengo que llegar a otro lugar». En cambio, se detiene por completo y empieza a curarle las heridas, usa el valioso vino y aceite que traía consigo para esto, y luego lo levanta, con el trabajo que debe haber costado, lo sube en su asno y lo lleva a un lugar donde puedan velar por él, lo que podría ser un hotel hoy en día. Él paga los gastos de su estadía ahí, hasta que se recupere, y promete que si se necesita más, regresará a cubrir ese costo. Al terminar el relato, Jesús pregunta: «¿Quién es el prójimo aquí? ¿Quién fue el que hizo la voluntad de Dios?».

¿Y sabes? Estos otros dos personajes, el sacerdote y el levita, probablemente creían que estaban cumpliendo con la voluntad de Dios, al cumplir con su agenda religiosa, pero la verdad es que estaban cegados al no ver que la agenda del reino es velar por el prójimo; que la agenda del reino muchas veces nos pide detener las nuestras, para poder levantar a otros y cooperar así con el propósito de Dios.

Esta cultura de no detenernos se ha infiltrado mucho en la iglesia también. Tenemos nuestras prioridades siempre tan presentes que nos han cegado a la necesidad de nuestro prójimo. O ya solamente vemos al prójimo como competencia, como alguien que nos motiva para avanzar aún más, pero no como hermano, como miembro de un mismo cuerpo al que pertenecemos todos. Mas el ejemplo del corazón de Jesús en Su caminar aquí en la tierra es sumamente claro. Vemos cómo se detenía por las personas por las que prácticamente nadie se detenía. Él detuvo Su camino por el enfermo, por el pobre, por la viuda, por los ceremonialmente impuros, por el necesitado, por los que ya el mundo estaba acostumbrado a ignorar y no atender. Jesús se detenía, no andaba con prisa, no traía una agenda acelerada y llena de afán. Él traía la agenda del reino, y la voluntad de Dios lo llamaba a detenerse y velar por aquellos que lo necesitaban. Ese era el avance del reino y los discípulos veían esta realidad y se sorprendían.

¿Y sabes? Cuando Jesús estaba en la cruz, me imagino a los soldados romanos, los líderes judíos y el mismo infierno burlándose al decir: «¡Mira este que decía ser Dios, ahí detenido en el madero! Está ahí agonizando y sufriendo, no puede hacer nada». Hasta le decían: «¡Si eres Dios, bájate y ve por ti mismo y sálvate a ti mismo!». ¡Qué gran ceguera la de estas personas y la que puede haber también en nosotros!

Porque la detención de Dios implicó el avance más grande que hubo en la humanidad. La detención de Dios en la cruz implicó la salvación más grande y la victoria más impresionante sobre el pecado y sobre la muerte. Jesús se detuvo en la cruz por amor a ti y a mí, que estábamos tirados en el camino por causa de nuestros delitos y pecados, sin esperanza alguna. Él, siendo Dios del cielo y de la tierra, se detuvo y estuvo nueve meses dentro del vientre de una joven. ¡Imagínate esto! ¡Es Dios! Él bajó Su ritmo, aprendió a caminar como un bebé, para enseñarnos a caminar a ti y a mí en la libertad que tenía para nosotros cuando pusiéramos nuestra fe en Él el día que se nos revelara Su amor.

Y qué contrario es esto a lo que el mundo nos dice, o a cómo muchas veces podemos pensar que estamos agradando a Dios al estar constantemente ocupados en cosas que al final no se tratan de amarlo a Él ni de amar al prójimo. El reino avanza cuando lo amamos a Él y cuando amamos al prójimo, y muchas veces, el amor te va a pedir que te detengas, va a tratar de pausar tu agenda y velar por los demás.

Al detenernos es cuando más avanza la formación de Cristo en nosotros, y al final, ese es el mejor premio, el propósito supremo de estar aquí, en lo que el apóstol Pablo llama la carrera de la fe. Sal de la carrera del mundo acelerado, que te dejará cansado, y aprende en Cristo a correr con paciencia la carrera de la fe. Te dejo con Hebreos 12:1-2:

> Por tanto, nosotros también, teniendo en derredor nuestro tan grande nube de testigos, despojémonos de todo peso y del pecado que nos asedia, y corramos con paciencia la carrera que tenemos por delante, puestos los ojos en Jesús, el autor y consumador de la fe... (RVR1960)

PARA MEDITAR:

Detente un momento y examina tu vida, al preguntarte: ¿Estoy dispuesto a detenerme por otros? ¿Soy consciente de las necesidades a mi alrededor? ¿Soy consciente de que la voluntad de Dios sigue siendo amarlo a Él y amar a otros?

PARA APLICAR:

Si reconoces que estás en un ritmo de vida que te impide detenerte, te invito a orar estas sencillas palabras: «Cristo, te necesito. Sé formado en mí. Muero a lo que soy, a mi tendencia de pasar la vida corriendo, para que tú me lleves a vivir la realidad y el ritmo de tu reino».

Finalmente, en tu libreta o al final de este capítulo, escribe alguna actividad que te fuerce a bajar la velocidad y te permita conectar con Dios o con otros. Busca crear el hábito de tener al menos una al día. Ejemplos: una caminata, lavar platos, preparar café o cocinar, jugar con tus hijos, sentarte en un café a escuchar a alguien, etc. (estamos hablando de actividades sin el uso de pantallas).

Usa este espacio para tus notas...

«Es tiempo de que por fin encuentres realmente tu identidad en el Padre que te ama por quién eres, por quién realmente eres: Su hija amada».

17

El espejo

A mis dieciocho años, recuerdo que les hice la siguiente pregunta a mis amigas más cercanas: «¿Te sientes, o te has sentido en algún momento de tu vida, insatisfecha con tu aspecto físico?». Y no importa su complexión, su estatura, el tono de su piel, la forma de su cara, de su nariz, todas me contestaron que sí. Y hoy, diez años después, te hago la misma pregunta a ti. No sé qué sea eso específico que no te gusta, pero cada vez que te ves en el espejo o en fotos, no puedes ignorarlo. ¿Sabes? Durante mi juventud temprana, pasé por un tiempo muy duro emocionalmente por la frustración que sentía con mi peso corporal. Pasaba horas probándome toda mi ropa y nada me gustaba cómo me quedaba. Dejé tantas veces de ir a lugares, a reuniones de la iglesia, de salir con amigas, porque no me gustaba cómo me veía. Aun así, pasaba mucho tiempo editando y subiendo múltiples fotos mías a redes sociales buscando mostrarme delgada, sentirme mejor al leer comentarios o contar los «me gusta» que recibían mis publicaciones.

Experimenté el peso de vivir comparándome con otras, o viendo fotos de modelos para «motivarme», pero al final, solo me dejaban más desmotivada y triste con mi persona. Pasó el tiempo y este tema se agravó en mi corazón al punto de llegar a estar atada cada día, a contar cada caloría que ingería. Hice todo tipo de dietas, me las sé todas, y por una situación de desbalance hormonal, ninguna realmente funcionaba, lo cual me dejaba más y más frustrada. Tiempo después, empecé a ingerir a espaldas de mis papás pastillas que supuestamente me ayudarían a bajar unos kilos, pastillas que me hacían sentir realmente mal, y de ahí llegué al punto de comenzar a vomitar cosas muy calóricas que comía. Tanta era mi obsesión, mi desesperación, y mi remordimiento que no encontraba otra salida.

127

Yo sé que no soy la única que ha pasado por esto, y cuando lo atraviesas, es difícil abrirte con otra persona. Es algo que te provoca vergüenza, que quieres ocultar a toda costa y mostrar al mundo que estás bien y eres muy segura de ti misma, cuando tu realidad es todo lo contrario, hay algo quebrado por dentro.

Por un tiempo, me justificaba pensando: «Bueno, pero no es algo tan grave, no es un pecado, va a pasar, y a otras personas también les pasa». Mas Dios, por Su infinita gracia y amor para conmigo, no me dejó en ese estado y en esa mentalidad. Un día, me guio a entender que lo que estaba pensando, haciendo y viviendo sí era un pecado que entristecía Su corazón, un pecado que se llama *idolatría*.

Un ídolo es cualquier cosa, situación o persona que tome mayor espacio, mayor tiempo, mayor afecto y energía en tu vida que Dios. En resumen, cualquier cosa que tenga prioridad sobre Cristo es un ídolo. Y los ídolos nos separan de Dios, nos llevan a una vida de desobediencia a Él, porque no podemos cumplir el primer mandamiento que Dios nos ha dejado que es amarlo a Él con todo lo que somos y por sobre todas las cosas. Todo ídolo tiene la misma capacidad para cualquiera que lo siga y proteja: dejarte constantemente insatisfecho y vacío. Leí muchos escritos con los que busqué solucionar mi situación, donde alguien me daba ánimo, diciendo: «¡Échale ganas! ¡Eres hermosa así como eres! ¡Vamos!».

No hay cantidad de «me gusta», de comentarios, ni de palabras bonitas que puedas recibir de tu familia, amigas o incluso pareja que te saquen de tu profundo pozo de insatisfacción y repulsión hacia tu persona. No hay filtro, no hay efecto que te pueda cambiar la manera en la que tú misma te ves. Ni siquiera encontrar la dieta o la cirugía que por fin te ayude a bajar de peso, te lo aseguro, porque yo logré bajar de peso y aun así había un vacío en mi corazón y una insatisfacción que no podía llenar.

La solución se encuentra en tener la respuesta correcta y perfecta a las siguientes preguntas: ¿Quién es la prioridad en tu corazón? ¿Quién determina tu identidad? ¿De qué depende tu perspectiva de tu persona? ¿Sabes? Me he dado cuenta de que Satanás usa las mismas estrategias para llegar al mismo objetivo de su agenda, que es robar, matar y destruir. A través de engaños, quiere hacer que desviemos nuestra mirada de lo verdadero, de Cristo, que nos separemos de Aquel que es nuestra fuente de vida, de satisfacción, de identidad, de seguridad, para así destruirnos.

Dios, en Su misericordia, me alcanzó en la situación en la que estaba, y me hizo volver en sí y darme cuenta de mi pecado. ¿Y qué hice? Me arrodillé, me arrepentí y clamé a Él para que me hiciera libre y le pedí que tomara el control de mi vida, el primer lugar y el dominio total de mi mente, de mis acciones y de mis sentimientos. Y comenzó un hermosísimo proceso de empezar a verme a la luz de Sus ojos, y no más de los míos o de los del mundo; de cambiar mis pensamientos hacia mi persona por Sus pensamientos tan hermosos hacia mí, de escuchar quién soy para Él, de encontrar verdaderamente mi valor, mi identidad y mi persona fuera de una báscula con números cambiantes, y en el amor constante de un Padre que me ama tal y como soy, tal y como he sido, tal y como seré.

Y hoy puedo testificar que Dios hizo un milagro. Realmente me hizo libre, nunca más volví a caer de la misma manera en herirme a mí misma, en experimentar en esa magnitud esos sentimientos de vergüenza al verme en el espejo, en remordimiento después de comer. El amor de Dios y Sus palabras transformaron mi mente, mi visión y mi vida por completo. Lo que el diablo usaba para destruirme, el amor de Dios redimió para construir mi identidad firme y eterna en Él. Eso mismo es lo que Él quiere hacer hoy con tu vida. Es tiempo de dejar de fijar nuestros ojos en el espejo de este mundo y empezar a fijarlos en Cristo para que, como verdadero espejo, tú seas conformado a Su imagen. Es tiempo de dejar de buscar valor en números y encontrarlo en Sus palabras. Es tiempo de que por fin encuentres realmente tu identidad en el Padre que te ama por quién eres, por quién realmente eres: Su hijo amado.

No imiten las conductas ni las costumbres de este mundo, más bien dejen que Dios los transforme en personas nuevas al cambiarles la manera de pensar. Entonces aprenderán a conocer la voluntad de Dios para ustedes, la cual es buena, agradable y perfecta. (Rom. 12:2)

Para meditar:

¿Dios trajo luz a algún ídolo en tu corazón? Tómate un momento si el Señor te reveló esto, entrégate a Él y pídele que te haga libre, para ser así transformado a través de Su amor por ti.

_____

_____

_____

_____

_____

Para aplicar:

Una clave en mi vida para experimentar libertad de una situación sobre la que ya no tenía control fue ser sincera y encontrar acompañamiento con una amiga que me discipulaba. Si has estado pasando por un tema que se acerca o ya es un desorden alimenticio, o algún otro tipo de adicción de la cual no puedes salir, encuentra a una persona llena del Espíritu con quien abrir tu lucha y en quién apoyarte. También te animo a buscar ayuda profesional si esto ya está impactando tu salud y bienestar físico y emocional.

Usa este espacio para tus notas...

_____

_____

_____

«Con toda diligencia guarda tu corazón, porque de él brotan los manantiales de la vida».

Proverbios 4:23 (NBLA)

18

Las nueces

Una Navidad, una familia muy amorosamente nos regaló a mi esposo Danilo y a mí un frasco de nueces. Este es un muy buen regalo porque, en mi ciudad, las nueces suelen ser caras. Llegué a nuestro departamento y, con la intención de ser ordenada, las guardé en la alacena. Pasaron unos meses y se me antojó ir por algunas. Para mi sorpresa, ya no tenían su sabor original; estaban bastante secas. No me lo esperaba, porque en mi mente las nueces duran muchísimo más que unos cuantos meses, entonces, revisé en internet para ver cuánto es que suelen durar manteniendo su sabor, y me di cuenta de que el problema no estaba en las nueces, sino en dónde decidí guardarlas. Con casi cinco años de casada, aquel día aprendí algo nuevo: las nueces es mejor guardarlas en el refrigerador que en la alacena.

Este suceso me dejó meditando en Proverbios 4:23: «Con toda diligencia guarda tu corazón, porque de él brotan los manantiales de la vida» (NBLA). La posesión más valiosa que Dios nos dio a todo ser humano es nuestro corazón. Y cuando la Biblia habla del corazón, recordemos que pocas veces se refiere al órgano, sino que está refiriéndose al sistema operativo en nosotros que integra nuestra facultad pensante, nuestras emociones y nuestra voluntad. Es el centro de operaciones de nuestro ser, y por eso este proverbio nos muestra la razón más importante para guardarlo con diligencia: es la fuente de la vida. Solo un corazón sano será capaz de disfrutar el día a día y de compartir vida con otros. En el principio, «Dios creó a los seres humanos a su propia imagen» (Gén. 1:27), y cuando formó el corazón del hombre y de la mujer, lo hizo considerando Su propio corazón como ejemplo.

Si tuviera que relacionar algo conocido con lo que conozco del corazón de Dios, lo haría con el mar. Cada vez que voy a la playa, me quedo impactada ante la inmensidad del océano frente a mí.

Es imposible de navegar por completo, imposible de contener pero, a la vez, constante en acercarse a mí; ola tras ola, moja mis pies en la arena. Así es el corazón de Dios: es tan misterioso, inmenso, incontenible pero a su vez es tan constante en acercarse a nosotros una y otra vez; Su divinidad empapa nuestra humanidad.

Si tuviera que utilizar una palabra para describir lo que conozco del corazón de Dios, la palabra sería «pleno». Es tan pleno que constantemente está dándose en misericordia, en gracia, en favor; está siempre lleno de gozo, de paciencia, de fidelidad y de paz. Pero cuando piensas en tu corazón, ¿en qué piensas? ¿Con qué lo relacionas? Tal vez dices: «Al pensar en mi corazón, siento que tiene más relación con las nueces secas que con el mar y su abundancia». Tal vez llevas una temporada sintiéndote desanimado, amargado o con resentimiento hacia una persona que te lastimó profundamente, y esa situación, con el paso de los días, va secándote por dentro y haciendo que la vida pierda sabor. Has decidido consciente o inconscientemente guardar tu corazón en tu trabajo o en tus estudios, en redes sociales o en entretenimiento, en comida o en alguna relación. No sé cuál sea el nombre, pero estás esperando encontrar plenitud en ese lugar o esa persona.

Pero mis nueces nos dejan una valiosa enseñanza: no es más importante la acción de guardar que el lugar donde vamos a guardar. Si no guardamos nuestro corazón, con sus pensamientos, sus emociones, y su voluntad, en el lugar adecuado, nunca vamos a encontrar la plenitud que tanto buscamos y necesitamos. El único lugar adecuado para guardarnos es dentro de Aquel que creó nuestro corazón, dentro del corazón de Dios. Además, en este versículo de Proverbios, hay otro aspecto importante. ¿Observas que dice la palabra «diligencia»? Diligencia habla de constancia. ¿Cómo guardamos nuestro corazón de forma constante en Dios? Orientando nuestra mente, nuestras emociones, nuestra voluntad y el uso de nuestro tiempo hacia Él.

Es importante entender que Dios *no* nos dice: «¿Quieres acercarte a mí?, ¿quieres conocer y experimentar mi amor y mi plenitud? Arregla tu vida, esfuérzate por cambiar, y luego hablamos».

Dios dice: «Ven tal cual eres, acércate que, en mi amor, te voy a vivificar».

Él ha prometido a través de Su Espíritu Santo darnos un corazón nuevo y lleno de vida como el suyo. Esa era Su intención desde el principio, y a través de Su obra en la cruz y la impartición de Su vida en nosotros, lo hizo posible.

—————————— PARA MEDITAR: ——————————

¿Con qué relacionas hoy el estado de tu corazón? ¿Con las nueces o con el mar? ¿En dónde se han encontrado tu mente y tus pensamientos más frecuentemente en los últimos días?

—————————— PARA APLICAR: ——————————

En una libreta o al final de este capítulo, haz una lista de las características del corazón de Dios, aquellas que reconozcas que te hacen mayor falta. En oración, pídele que, por Su Espíritu, las haga una realidad en ti.

Usa este espacio para tus notas...

«Gotera continua en tiempo de lluvia
Y la mujer rencillosa, son semejantes».

Proverbios 27:15 (RVR1960)

19

La gotera

Vivo en una ciudad donde es poco frecuente la lluvia, pero al estar rodeada de montañas, cuando llegan nubes cargadas, se quedan por largo tiempo trayendo lluvia muchos días. En esas escasas ocasiones, siempre sucede lo mismo: muchas calles empiezan a levantarse, a empeorar sus agujeros, se deslavan las montañas llenando las aceras, las calles y los parques de rocas, y muchas casas experimentan problemas de inundación.

La casa de mis padres, donde viví por muchos años, no era la excepción. Recuerdo bien que ya después de experimentar algunos años esas semanas excepcionales de lluvia, mis papás y mis hermanos teníamos bien ubicadas las goteras de la casa, y en cuanto escuchábamos una lluvia fuerte, poníamos cubetas en ubicaciones estratégicas para evitar inundaciones. Un día, mientras leía la Biblia y recordaba esto, Dios habló a mi vida a través de Proverbios 27:15, que dice: «Gotera constante en día de lluvia y mujer rencillosa, son semejantes» (NBLA). ¿Por qué la Biblia compara una gotera constante con una mujer rencillosa? Una persona rencillosa es una que suele tener conflictos, rencillas, con otros.

En esa misma época en la que vivía aún con mis papás, recuerdo que había días en que me despertaba sumamente rencillosa. Mi familia ya lo sabía, se comunicaban entre sí, a veces con puras miradas, para avisarse y así evitar entrar en conflicto conmigo: prácticamente me ignoraban por un rato hasta que ya fuera hora de irme al colegio (y que el problema le tocara a alguien más).

Cuando me casé, una de esas mañanas en las que me levantaba «con guantes de boxeo» (como decían mis papás), queriendo entrar en conflicto con lo que fuera, mi esposo me dijo: «En tu casa se habrán acostumbrado, pero eso no quiere decir que está bien y que debemos acostumbrarnos nosotros a ello», y cuánta verdad había en esto. Y es que, sin importar tu edad, dónde o con quién vivas, siempre habrá días, semanas, incluso temporadas en las que esa mujer rencillosa que todas llevamos dentro se manifiesta. Como dice el refrán; son temporadas donde «llueve sobre mojado», donde las cosas no salen como esperas y no te sientes del todo como quisieras.

Una gotera en el techo de una casa es inofensiva durante un día soleado, ¿cierto? Pero cuando hay una tormenta, es un potencial peligro para una casa y quienes en ella habitan. Si no pones una cubeta a tiempo debajo de ella, esa pequeña grieta en el techo puede causar una gran inundación o hacer que alguien se resbale y lastime de forma severa.

En una ocasión, cuando ya vivía con mi esposo, salimos de la ciudad por trabajo y, cuando regresamos a casa, nos encontramos con una sorpresa nada grata. Todos nuestros muebles, nuestros tapetes, nuestros libros y decoraciones estaban completamente mojados. Esa semana que estuvimos fuera, había llovido muchísimo, y al no estar en casa para poner cubetas, todo se inundó. Hubo muchas cosas que se echaron a perder y todo por una pequeña grieta.

Aun con las emociones naturales de tristeza que sentíamos ese día, habría sido ilógico que reaccionáramos enojándonos contra la lluvia o condenándonos por haber salido de viaje. El problema no estaba en el clima ni en nuestra salida, estaba en el techo de nuestra casa. Después de limpiar, buscamos a un experto que viniera a repararlo antes de que otra tormenta llegara.

La mujer rencillosa es igual a una gotera: cuando llegan las tormentas inesperadas e incontrolables de la vida, se evidencia y causa estragos. Ante esto, fácilmente podemos caer en culpar a la lluvia, a las situaciones de prueba a nuestro alrededor, o a otras personas que no estuvieron para poner cubetas y contenerte, pero el verdadero problema no está afuera, ni en otros, sino en la condición de nuestro corazón que se hace notoria cuando la lluvia llega.

Nos acostumbramos y acostumbramos a otros a tratar con esta situación de manera superficial y momentánea al «poner cubetas» cada vez que hay pruebas en la vida, pero esa no es la manera en la que Dios quiere tratar contigo y conmigo. Nuestro Dios no se asusta por la condición de nuestro corazón y nuestras inestables emociones, porque más que nadie nos conoce. Se acerca con gracia y verdad para escucharnos, pero más importante que eso, para que, aun en medio de la tormenta, lo podamos escuchar a Él. Es el único experto, capaz de tratar de manera profunda y efectiva con nuestro techo lleno de goteras.

Algo que entendí mientras conversaba con Dios es que, cuando ando rencillosa, siempre es muestra de que ando con mi corazón insatisfecho. Y solo al venir a Cristo, viene la luz para evidenciar dónde está la grieta de insatisfacción en mi corazón que está permitiendo que la tormenta externa venga e inunde mi vida y la de mi casa. Esa insatisfacción suele deberse a que no me siento suficientemente amada, valorada, admirada y aceptada. Pero la solución no está en que llegue una temporada donde todo y todos me hagan sentir lo máximo, las personas actúen como yo quiero y las cosas salgan a mi manera. La solución está en ser llenos en nuestra mente y corazón de la realidad de lo amados, entendidos, valorados y aceptados que somos en Cristo Jesús, independientemente de lo que estemos viviendo en nuestro día a día.

Él es el sol que sigue brillando aun cuando la lluvia en este mundo cae. Él es el único con la plenitud capaz de satisfacer, sanar y cerrar de una vez y para siempre cualquiera sea la gotera de nuestro interior, y hacernos completos y listos para cualquier cosa que en la vida pueda venir. Su obra en nosotros nos permite experimentar lo que dice Santiago: «Tengan por sumo gozo, hermanos míos, cuando se hallen en diversas pruebas, sabiendo que la prueba de su fe produce paciencia, y que la paciencia tenga su perfecto resultado, para que sean perfectos y completos, sin que nada les falte» (1:2-4, NBLA).

Donde Cristo vive y gobierna, el gozo y la satisfacción también. En el corazón en el que Cristo opera, la fe, la perseverancia y la plenitud también lo hacen. Así que, la próxima vez que te des cuenta de que hay filtraciones en tu corazón o te despiertes con ganas de pelear, no te pongas a esperar cubetas o que el día malo pase, sino que aprovecha, busca a la persona correcta, y deja que el Espíritu Santo trate contigo y siga completándote, ya que Él prometió trabajar con nuestros corazones, nuestros techos, hasta el día que sean perfectos como Cristo mismo.

Para meditar:

¿Con qué frecuencia te encuentras rencilloso, con facilidad de entrar en conflicto con otras personas? ¿Puedes identificar qué situaciones y pensamientos te acompañan en esos momentos, días o temporadas?

_____

_____

_____

_____

Para aplicar:

Quiero invitarte a escoger un lugar donde ir a solas. Puede ser un clóset, un baño, un cuarto, etc. Este será tu espacio de reparación de goteras. La próxima vez que te levantes o encuentres rencilloso, antes de continuar tu día y causar una inundación, recurre los minutos que puedas a ese lugar y entrega tu corazón y sus goteras a Dios, pídele que te dé una palabra sanadora y restauradora, y Su capacidad divina de mantenerte en paz y gozo internamente a pesar de la tormenta. Hazlo cada vez que lo necesites.

Usa este espacio para tus notas...

_____

_____

_____

_____

«Hay quien habla sin tino como golpes de espada,
pero la lengua de los sabios sana».

Proverbios 12:18 (NBLA)

20

La espada

Imagínate esta historia. Un día, te levantas y empiezas a sentir un ligero dolor en el estómago. Te tomas un medicamento, pensando que así vas a mejorar. Pero ese dolor aumenta al punto que te lleva a tener que visitar al médico. El médico te diagnostica nada más y nada menos que una apendicitis, y te dice que necesitas ir urgentemente al hospital para ser operado y así removerte el apéndice. Vas directo allá, nervioso, esperando que todo salga bien. Ya preparado y en la sala de cirugía, una enfermera entra y te dice: «En unos instantes, por esa puerta va a cruzar la persona responsable de su cirugía».

De repente, volteas y a través de la puerta viene un adolescente con una bata, algo grande para él, en tu opinión. Empiezas a pensar que es el hijo del médico, un estudiante o alguien que te está haciendo una broma pesada, mas en eso se acerca a ti y con su voz adolescente te confirma que él será el encargado de la operación, mientras comienza a sacar una herramienta afilada. En ese momento, piensas: «¡Esto es una pesadilla, necesito despertar!», porque si no es una pesadilla, estás seguro de que no saldrás bien de esa sala de operaciones.

En una situación normal, a través de esa puerta entraría un médico adulto, con su bata membretada, se acercaría a ti y, con tacto y conocimiento, te diría el procedimiento a seguir: «Te vamos a anestesiar antes de la operación y no vas a sentir nada, puedes estar tranquilo, el dolor que sientes será aliviado». Aun cuando sabes que utilizará la herramienta más filosa de todas, el bisturí, puedes estar tranquilo porque confías en que estás con la persona capacitada para dirigir esta operación, que sabe cómo utilizar las herramientas quirúrgicas de manera entendida y sabia para proveer alivio y vida.

Proverbios 12:18 nos dice: «Hay quien habla sin tino como golpes de espada, pero la lengua de los sabios sana» (NBLA). He aprendido que mi manera de hablar es una de las evidencias más claras sobre quién está dirigiendo mi vida. Cuando estamos en independencia de Dios, nuestra lengua se convierte en una espada que hiere; mas cuando dependemos de Él, es una herramienta que sana, como el bisturí.

Aun cuando tenemos nuestra fe puesta en la obra consumada de la cruz que venció el pecado, mientras caminamos por este mundo todavía portamos pecado en nosotros (Rom. 3:23), al igual que todo ser humano que nos rodea.

Veamos por un momento este pecado como una enfermedad. En 2020, durante la pandemia de COVID, recuerdo cómo uno vivía sus días intentando descubrir y evitar a posibles portadores del virus, lo cual llevaba a alejarse completamente de cualquier persona que pudiera toser o estornudar. Yo era de las que aguantaba el estornudo con tal de no levantar sospechas de COVID y ser aislada de los demás. Y es que muchas veces nos es más sencillo reconocer los síntomas de otros antes que los nuestros, y esto no solo sobre un tema biológico y viral, sino sobre el asunto del pecado.

Nos es más sencillo caminar notando las evidencias de pecado en otros antes que las nuestras, y eso resulta en sentirnos incómodos al punto de que no solo reaccionamos tomando distancia de dichas personas sino que, peor aún, nos creemos capaces de «arreglarlas» a través de algunas palabras. El problema es que, cual adolescentes con una bata que no nos pertenece y una herramienta que no sabemos utilizar, tantas veces nos acercamos confiados en nosotros mismos a nuestro prójimo en quien hemos notado síntomas externos de su pecado e intervenimos a través de nuestras palabras de una forma que, en vez de traer alivio y esperanza sobre su vida, traen condenación, confusión y desesperanza, y empeoran el dolor.

El tema del pecado es profundo, y no se puede tratar con una espada externa en manos de seres humanos incapaces y muchas veces torpes. Lo mismo sucede con nuestra lengua cuando funciona bajo nuestra propia voluntad. Solo hay uno que tiene la mano experta, sabia y capaz para poder, a través de una lengua humana renovada y refinada por la obra del Espíritu, sanar y liberar al que sufre.

Jesús es el único que tiene el membrete, el doctorado, la autoridad sobre la enfermedad del pecado, porque es quien la ganó aquel día en el que la experimentó completa sobre Su cuerpo. Mientras recibía externamente los golpes de la lengua de espada tanto de judíos como gentiles que se burlaban de Su persona, Jesús no desenvainó Su espada para defenderse y ofender al prójimo. En el momento más incómodo provocado por nuestro pecado, Él sometió Su lengua a las palabras guiadas por la voluntad de Su Padre y, consciente del poder que había en ellas, dijo: «Padre, perdónalos, porque no saben lo que hacen» (Luc. 23:34, RVR1960). En la cruz, Él no sacó la espada contra nosotros, pecadores, sino que Sus palabras fueron un bisturí que hasta el día de hoy siguen trayéndonos alivio y vida eterna. Nuestra historia sería otra si Jesús no hubiera operado de la manera en que lo hizo en la cruz.

La realidad es que, como Cristo, no hay nadie más. No hay otro capaz de reaccionar y hablar como Él lo hizo y sigue haciéndolo. Pero gloria a Él que no se quedó en esa cruz, ni en esa tumba, sino que resucitó para entonces hacerse Espíritu vivificante y venir a vivir dentro de nosotros por medio de Su Espíritu Santo.

Hoy, tú y yo, incapaces seres humanos, por nuestra fe en Sus palabras y Su obra, tenemos a Cristo creciendo en nuestros corazones, y a medida que Él crece en nuestro interior, nuestra manera de hablar también comienza a ser transformada. Aunque te sea difícil creerlo por tu carácter natural, tu tendencia a enojarte, a reaccionar, a responder, quiero decirte que puedes ser usado para traer alivio, libertad y sanidad a otros que sufren, pero solamente si te dejas tratar primeramente por la Palabra de Dios ante tu propia enfermedad y luego en humildad te sometes a Su mano para continuar Su obra sobre los corazones de quienes tienes cerca.

Una de dos: o seguimos la vida evadiendo e interviniendo negativamente sobre el pecado de nuestro prójimo, ciegos del propio, o somos reclutados como parte del cuerpo del Médico de médicos, Cristo Jesús, para que así, lo que se escuche afuera de tu persona sea una evidencia del Dios sanador que te habita y te dirige. La palabra de Cristo tiene poder para sanar. ¿Lo crees?

──────────── Pᴀʀᴀ ᴍᴇᴅɪᴛᴀʀ: ────────────

¿Qué tan frecuentemente te encuentras corrigiendo, juzgando u opinando sobre la vida de otros? ¿Puedes identificar si es algo que el Espíritu dirige o es algo que viene solamente de ti?

_____

_____

_____

_____

_____

──────────── Pᴀʀᴀ ᴀᴘʟɪᴄᴀʀ: ────────────

Con el propósito de dejar de usar tu lengua como espada que hiere y más como un bisturí que sana, te invito a que las próximas veces que notes en tu prójimo una falta, pecado o algo con lo que no estés de acuerdo, pidas al Espíritu Su dominio propio para no hablar de manera impulsiva. Más bien, toma el tiempo para orar y saber si Dios te está llamando a dar una palabra guiada por Él, llena de amor y gracia, hacia tu prójimo, o te está llamando simplemente a callar. Cuanto más practiques esto, más habitual se volverá y habrá menos heridas y más sanidad a tu alrededor.

Usa este espacio para tus notas...

_____

_____

«Cuando Zacarías lo vio, se alarmó y se llenó de temor, pero el ángel le dijo: —¡No tengas miedo, Zacarías! Dios ha oído tu oración».

Lucas 1:12-13

La tabla descongelante

Una de las cosas que me hubiera gustado hacer antes de casarme es haber tomado un buen curso de cocina. Fueron tantos mis desastres culinarios y tanta la paciencia de mi esposo hacia mí y mis intentos fallidos. Con el pasar del tiempo, me di cuenta de que mi problema principal para cocinar no era una falta de sazón o de seguir recetas; era una falta de saber esperar.

Mi esposo, excelente y nato cocinero, tiende a ser por naturaleza mucho más paciente que yo. Una de las partes del proceso de cocinar que más me desesperaban era esperar a que se descongelaran los ingredientes. Así que, un buen día, navegando por internet, me apareció una novedosa herramienta que podía acelerar mi tiempo de cocina: la tabla descongelante, una tabla que prometía descongelar los alimentos más rápido que cualquier otro método existente. No dudé, la compré tan rápido que ni mi esposo supo de la maravilla que había encontrado.

Pasó el tiempo, los días, las semanas, los meses… fue tanto el tiempo que esperé, que me rendí y me hice a la idea de que mi pedido nunca se había procesado o que había caído en una estafa. Pero una mañana, casi un año después, se escuchó el timbre de la casa. Mi esposo abrió y recibió un paquete.

«Amor, ¿tú pediste algo?», me preguntó.

«No que yo recuerde».

Así que bajé con él, ambos llenos de intriga a abrir el paquete que decía haber venido desde Japón. «Tabla descongelante». Empecé a reírme fuerte. Había pasado tanto tiempo que había olvidado por completo esa compra impulsiva y llena de esperanza que había realizado. Para ese entonces, después de mis muchos fracasos, ya habíamos decidido que lo mejor era que Danilo cocinara y yo limpiara. Acto seguido de mi risa y explicación, mi esposo sacó un pedazo de pollo y comenzó a usar su nueva tabla descongelante.

¿Has pedido algo que aún no llega? ¿Te has rendido de esperar algo que no llega? ¿Te has incluso olvidado de peticiones hechas a Dios? Te contaré la historia de un matrimonio que pidió, esperó y llegó a olvidar lo que un día Dios les concedió.

Zacarías y Elisabet son un matrimonio cuya historia aparece en la Biblia, en el Evangelio de Lucas. Ya eran muy ancianos, y se resaltan dos hechos importantes sobre ellos: el primero es que eran justos a los ojos de Dios, obedientes a los mandamientos de la ley, y el segundo, que no habían podido tener hijos.

Ahora, esos dos hechos, para el pensamiento de su cultura, eran una paradoja. Para la gran mayoría del pueblo judío, la descendencia significaba el favor de Dios, el cual venía sobre aquellos que Dios consideraba justos. ¿Justos no favorecidos? Y por si fuera poco, la paradoja era mayor porque Zacarías era un hombre que había dedicado su vida al servicio de Dios como sacerdote en el templo.

Antes de la cruz de Cristo, solo los sacerdotes tenían acceso a estar lo más cerca humanamente posible de la presencia de Dios en el lugar santo, dentro del templo en Jerusalén. Junto con Zacarías, había aproximadamente 20 000 sacerdotes más; diariamente se echaban suertes para ver quién sería el afortunado de tener la labor de entrar en el lugar santo. Como eran tantos, muchos se preparaban toda su vida sin que pudieran experimentar lo que en ese momento se consideraba el honor y la oportunidad más grande de parte de Dios.

Zacarías llevaba toda su vida preparándose, escuchando el nombre de quien sería el elegido y un día, el anciano por fin escuchó su nombre: «Zacarías, es tu turno». Me puedo imaginar su emoción, su sorpresa, su expectativa; me lo imagino preguntándoles a sus compañeros cómo era, cómo lo habían vivido aquellos afortunados y elegidos. Pero poca idea tenía Zacarías de que lo que le esperaba superaría la expectativa que en ese momento llenaba su mente y su corazón. Él creía que estar en el lugar santo sería el clímax de su vida y su propósito, pero Dios estaba a punto de mostrarle lo contrario. Porque cuando humanamente creemos que hemos visto lo mejor de Dios, realmente solo es el comienzo.

Así que Zacarías se preparó y entró en el santuario. Comenzó seguramente a exteriorizar, como era la costumbre, las oraciones de perdón por el pueblo, la oración por la venida del Mesías, todo mientras ponía incienso, cuando de repente un ángel se le apareció de pie a su derecha. Y esto fue lo que sucedió:

Cuando Zacarías lo vio, se alarmó y se llenó de temor, pero el ángel le dijo: —¡No tengas miedo, Zacarías! Dios ha oído tu oración. (Luc. 1:12-13)

Una pausa aquí. Si fueras Zacarías, un anciano que está orando por Israel de manera presente, ¿a qué oración creerías que Dios se estaba refiriendo? *¿Perdonaste nuestros pecados?* Y el ángel continuó hablando: «Tu esposa, Elisabet, te dará un hijo, y lo llamarás Juan. Tendrás gran gozo y alegría, y muchos se alegrarán de su nacimiento, porque él será grande a los ojos del Señor» (vv. 13-15).

No era la oración presente; era la oración que seguramente expresaron por última vez Zacarías y Elisabet cuarenta años antes de ese momento. Esa petición por la cual se rindieron de esperar respuesta, que creyeron había sido olvidada o ignorada por Dios... esa era la petición que estaba por hacerse realidad. Porque, que los planes y los anhelos salgan de nuestra agenda natural no significa que hayan salido de la agenda de Dios. Cuando lo natural se agota, da espacio a que lo sobrenatural sobreabunde. Su voluntad siempre superará la nuestra, y con ello, nuestros tiempos también. Él sigue siendo el Dios que nos lleva de gloria en gloria, en Cristo Jesús, y esa gloria es tantas veces revelada y magnificada en el terreno de la incapacidad humana.

Zacarías y Elisabet recibirían a un bebé cuyo nombre fue puesto por Dios mismo, porque su propósito había sido escrito desde antes de la fundación del mundo: preparar el camino del Salvador. Ellos habían sido elegidos por Dios para criar a quien prepararía los corazones para encontrarse con el Creador.

¿Qué habría pasado si Dios hubiese respondido la oración de Zacarías y Elisabet en el momento en que la hicieron? Su hijo, Juan (a quien conocemos como el Bautista), no habría sido un joven contemporáneo de Jesús. En pocas palabras, no se habría cumplido el gran propósito que Dios tenía escrito para esta familia.

Zacarías y Elisabet fueron formados por una de las herramientas más usadas por Dios para capacitarnos para Su propósito: la espera. La espera es una forma de la cruz en nuestras vidas. Este matrimonio, aun ante el juicio de ser vistos como desfavorecidos por Dios por su esterilidad, no dejó de tener fe en Dios y de dedicar sus vidas a Él. Y ese oro que fue trabajado en el fuego de la incapacidad era el oro que Dios necesitaba para confiar la crianza de aquel a quien Jesús nombró el mayor hombre que había pisado la tierra hasta el momento.

El propósito de Dios con la espera es hacer de nosotros personas de fe, quienes creen sin ver, sirven sin esperar, están listas sin importar cuál sea la edad. Así que quiero decirte a ti que has estado esperando, que la espera no es tiempo desperdiciado, sino que es un tiempo en el que, en Cristo, estás siendo formado y preparado para el propósito eterno de Dios. La persona que no es formada y tratada por la cruz de la espera es alguien que no puede dar a luz los propósitos de Dios. Imposible no pensar en lo que dice Santiago:

> Tengan por sumo gozo, hermanos míos, cuando se hallen en diversas pruebas, sabiendo que la prueba de su fe produce paciencia, y que la paciencia tenga su perfecto resultado, para que sean perfectos y completos, sin que nada les falte. (1:2-4, NBLA)

¿Qué produce la prueba de espera en los hijos de fe? Paciencia. ¿Qué forma en nosotros esa paciencia? Seres perfectos, completos y sin falta de nada. Y no es que nuestra propia naturaleza a través de la espera se vuelva perfecta, sino que la espera nos lleva a morir, a soltar, a reconocer nuestra incapacidad y así a experimentar el crecimiento de Aquel que es perfecto, completo y sin falta de nada dentro de nosotros: Cristo Jesús.

Fueron años de esperar la llegada de mi bebé, años en los que escuchamos diagnósticos de esterilidad, mas nuestra fe, aunque pasó por valles de sombra y de duda, por Su gracia perseveró. Mis métodos humanos se agotaron y, cuando descansé en la realidad de que Cristo era suficiente, el Suficiente vino a traer luz en mi vientre. Hoy miro atrás y puedo ver todo el trato que Dios tuvo con nosotros durante la espera. El matrimonio al que hubiera llegado mi hijo cuando oré por él no era el matrimonio al que Dios quería venir a entregarlo.

En un hospital, la sala de espera está llena de personas que no están siendo atendidas; la sala de espera de Dios es Su quirófano. Ahí, Él saca lo que tiene que sacar, y forma lo que tiene que formar para hacernos completos y listos para recibir Su dádiva divina, que supera nuestras peticiones e imaginaciones.

Así que, si estás en esa sala de espera, no te desesperes y déjate tratar. Deja que el Espíritu cambie tu perspectiva de este tiempo para que puedas disfrutar la cercanía de las manos de Dios trabajando contigo. Su promesa es real, y Él la cumplirá sobre tu vida aquí en la tierra o eternamente en el cielo. La vida que nos ha sido dada en Cristo no tiene fecha de expiración, y Sus promesas tampoco. No dejes de creer, encuentra tu satisfacción completa en la mayor bendición que ya habita en ti, Cristo Jesús, y experimenta el ver Su fidelidad y bondad a Su perfecto tiempo y de acuerdo a Su perfecta voluntad.

PARA MEDITAR:

¿Te ha tocado ser tratado por la espera? ¿Cuál es tu actitud y acercamiento hacia el tema? ¿Qué virtud encuentras en el proceso dirigido por Dios de esperar?

PARA APLICAR:

Tómate un momento y piensa si hay alguna petición que hayas manifestado en algún momento a Dios, en la que ya te hayas rendido de esperar. Inspirado en la historia de Zacarías y Elisabet, ¿tienes fe para creer que, si está dentro de la voluntad de Dios, Él aún puede responderla? Si no es así, tomate un momento en oración para pedirle fe a Dios para creer que esa petición que Él conoce, si está en Su perfecto plan, puede ser hecha realidad.

«Él contestó: "Lo que es imposible para los seres humanos es posible para Dios"». Lucas 18:27

Usa este espacio para tus notas...

Conclusión

He escuchado a muchos decir que el libro de los Hechos en la Biblia parece no tener un cierre, porque realmente se continúa escribiendo con nosotros, la iglesia de Cristo. Me encanta pensar eso, que la vida del Espíritu de la cual leemos en las Escrituras sigue estando disponible al mismo nivel hoy para ti y para mí de lo que estuvo para los apóstoles. No creo que Cristo llenara más a las personas de las que leemos en la Biblia que a nosotros en el presente, que Dios decidiera llenar más a otros y hablar más a unos que a otros. Creo que todo tiene que ver con qué tanto dejamos que la vida de Cristo que ya hemos recibido en totalidad en nosotros fluya; qué tanto dejamos que nuestra naturaleza sea quebrantada para que la suya sea manifestada; qué tanto dejamos de atender todo nuestro propio mundo natural para atender Su reino espiritual. No es que Dios hable más a unos que a otros, sino qué tanto estamos dispuestos y disponibles a escuchar.

Como escribí al inicio, mi oración a través del esfuerzo de este libro es que puedas creer en que Cristo no solo es alguien digno de ser parte de tu vida; Cristo es la vida que cautiva, transforma y revoluciona nuestras cotidianas y sencillas vidas naturales. Él está en todo, y quiere ayudarte a que lo veas, lo descubras y lo ames cada vez más ahí en medio de tus labores y actividades cotidianas. Que lo veas al salir a caminar y ver un árbol, al sentarte en esa mesa de madera con tu familia, en medio de las victorias, pero aún más en medio de los fracasos.

Efesios 2:10 dice que somos hechura suya, que, en su significado original, quiere decir que somos poema suyo. Los poemas, así como las canciones, tienen su ritmo, su tiempo, sus momentos tensos, sus tiempos de crecimiento y de descanso también. Dios no busca que tu vida sea constantemente igual, a tus ojos «perfecta y constante». Eres un poema suyo y, en medio de lo que está escrito para tu vida, Él quiere que lo veas y lo experimentes presente en todo.

Para mí, no existe gozo más grande que mirar atrás a mi cambiante e imperfecta vida, constantemente impregnada y rodeada del que es fiel y perfecto. Por eso no me da vergüenza abrirte aquí mis faltas y errores, porque por Su amor y gracia, ahora se volvieron señales en mi vida que testifican que Cristo vive.

Me encanta recordar la historia de la mujer samaritana en Juan 4, cómo después de que sus ojos se abrieron a ver que el hombre con el que hablaba era el Cristo, se fue corriendo al pueblo en el cual era rechazada por su pecado y testificó de Dios simplemente al decir: «Este hombre me ha dicho todo lo que yo he hecho» (ver Juan 4:29). Y no lo decía con vergüenza, lo gritaba con gozo porque Aquel que sabía todo lo que había hecho, a la vez también le reveló que con todo eso, la amaba y había venido a este mundo a salvarla. Con su sencillo testimonio, cientos, miles de su pueblo de Samaria conocieron también a Cristo.

Concluyo con esto: no necesitas escribir un libro o subir un video para experimentar lo que esta mujer y tantos más han experimentado. Lo único que necesitas es poner tu fe en la persona y la obra consumada de Cristo, permitir que Su vida en ti te transforme día a día, y que esa vida te lleve a aprovechar situaciones naturales y cotidianas para conocerlo y experimentarlo más.

Dios no está buscando grandes expertos en comunicación para llevar Su mensaje. Dice la Biblia que ha escogido vasos de barro frágiles para depositar el tesoro de Su vida y en ellos llevarse a sí mismo hasta los confines de la tierra. Somos tierra, somos barro, somos frágiles, tenemos fracturas, pero nuestra gloria y valor se encuentran en que, por gracia, el tesoro más preciado del universo ha decidido venir y habitarnos, venir y volverse nuestro todo.

No hay vida más plena que esta: saberse barro y saberse rico en Cristo Jesús. Que este libro solo sea un encendedor para ti, no importa tu edad o tu etapa de la vida (como te conté al inicio, me tocó escribirlo en mi etapa de soltera, de casada y, ahora, de mamá), para creer que Dios te habla y quiere usarte para mostrarse a otros.

Hay tanto más de Cristo por conocer, tanto más por descubrir, tanto más por comprender y está completamente disponible para ti. ¿Lo crees? Te dejo con este versículo, y me despido dándote gracias por el tiempo que apartaste para acompañarme en este, mi primer libro:

Cosas que ojo no vio, ni oído oyó, ni han subido en corazón de hombre, son las que Dios ha preparado para los que le aman. (1 Cor. 2:9, RVR1960)